子どももママも
ハッピーになる子育て

子どもの
気持ちが
わかる本

イザベル・フィリオザ【著】
アヌーク・デュボワ【イラスト】
土居佳代子【訳】

1〜5歳

かんき出版

J'ai tout essayé!
by Isabelle Filliozat, illustrated by Anouk Dubois

Copyright © 2011 by Editions Jean-Claude Lattès
All rights reserved.

Japanese translation rights arranged with Editions Jean-Claude Lattès through
Japan UNI Agency, Inc., Tokyo

「大人は誰でも子どもだったことがある。
ほとんどの人は覚えていないにしても」

アントワーヌ・ド・サン＝テグジュペリ

私のかわいいマルゴとアドリアン。
あなたたちのおかげで私の毎日は驚きの連続でした。
なんてたくさんのことを考えさせ、
なんてたくさんのことを教えてくれたことでしょう！
あなたたちが小さかった頃に、今の私ぐらいの知識があったら、
あなたたちのことをもっとわかってあげられたのに。

著者：イザベル・フィリオザ

愛するやさしいエリックへ。
それから私たちの素晴らしい2人の子ども、
サロメとジュリエットへ。

イラスト：アヌーク・デュボワ

はじめに

　私には子どもが2人います。と言っても、もうすっかり大きくなりましたが。

　子育て中の私は、最高に幸せな時間を過ごしました。でも、実を言えば、いつも子どもたちとの関係がうまくいっていたわけではありません。

　うまくいかず、大変苦しかったこともあります。

　泣き叫んだりされると、もうどうしたらいいのかわからなくて、自信がなくなり、自分のしていることが全部間違っているようにも思えました。

　そんな時、子どもにいったい何が起こっているのかを教えてくれて、私がどんな態度をとればいいか、ヒントをくれるような本があればどんなにいいかと思っていました。

　ある時、お節介な友だちの1人がこう言いました。

「ダダをこねて自分の思いどおりにしたいのよ、ちゃんと言うことを聞かせなきゃ………」。

　けれど、その頃の私が知っていた子どもの脳についてほんの少しの知識から考えても、幼い子どもがそんな作戦を立ててダダをこねているなんて、信じにくいことでした。

　それに、同じような年齢の子どもたちがとてもよく似た行動をするのはなぜなのでしょう？　これには何か意味があるに違いありません。

　2歳くらいの子どもがひっくり返って暴れる、何かをしてはいけないと言われた1歳6カ月の子どもがこちらの目を覗き込みながらわざとらしく何かをする、12歳の男の子がお風呂に入らない、15歳の女の子が自分の部屋に汚れた食器をため込む……。

　確かにどれも親を悩ませることばかりですが、だからといって親を自分の思うままにしたいからだ、と解釈していいでしょうか？　親と力比べをしているのだ、と考えていいでしょうか？

子どもの態度は、たとえそれが極端な場合であっても、まずは自分たちの成長のために必要なことをしているのでは？　これが私の研究活動の出発点でした。

子どもたちの側の理由をもっとよく知ること、理解することが、親である私たちがどう振る舞えばいいかを教えてくれるだろうと思ったからです。

それに、私は心理療法士として日々仕事をする中で、伝統的なしつけというものがそれほど効果を発揮していないように感じていました。普段の生活においても同様ですが、みなさんはどうお感じでしょうか。

自分への信頼、内面の安定感、調和のとれた人間関係、といった、私が子どもたちに望んでいたことを備えた大人はそれほど多くありません。

私は子どもたちが、人前で話すことを考えただけでパニックに陥ったり、罰が怖いという理由だけで交通規則を守ったりするような大人でなく、落ち着いた社会人として、責任ある自立した大人になれるよう、手助けをしたいと思いました。

そうしている間にも、子どもたちはさまざまなことを起こしてくれましたが、**そんな時には、本当に子どもたちのためになるような態度がとれるよう、反射的に行動するのではなく、よく考えてみるようにしました。**

この本の中でみなさんにお話しするのは、その時考えたことから生まれたものです。けれど、注意していただきたいのは、これは子育ての秘訣ではないということ**絶対に成功する子育ての秘訣なんてないのです。**

私が講演やラジオで話をする際、これらの問題に対する「究極の」解決法を教えて欲しい、という要望がよくありますが、すぐに役立つできあいの解決法というものは存在しません。

何か1つの問題があるとして、それに対する見方は常に複数あるので、解決法も1つではないのです。ですから、人間関係の葛藤に対して「たった1つの解決」しかないというアドバイスには注意しましょう。

さて、あるママからこんな質問がありました。

「3歳の子どもが怒っている時は、どう対処すればいいでしょう？」

まずここで、子どもの状態、この場合は怒っているという状態が、対処しなければならない1つの問題というふうに捉えられています。どうして怒っているのかについては、まるで考えられていません。

そこには、どんな原因であろうとすべての怒りに効果のあるような、たった1つのテクニックがあるのではないかとの期待があります。また後ほどお話ししますが、その年齢の子どもが何を感じているのかを知らないことで、ママ自身がお子さんを苛立たせていることだってあるのです。

子どもの態度に困っていると嘆く私たち自身が、どれほど子どもの苛立ちの原因になっていることが多いかを知れば、みなさんもきっとびっくりなさるでしょう。私も、自分と子どもたちの間に何が起きているかを理解した時、急に目の前が開けるようでした。

子どもたちが言うことを聞かない原因の多くは、私だったのです。

子どもたちは、「これをしなさい」とか「あれをしてはいけない」という拘束や命令に対して、すべての人間と同じ反応をしていただけなのです。大人と同じようなことを感じていただけだったのです……。

子どもたちに対する私の態度を変えることで、それまで少しも目に入らなかったことが、突然わかるようになりました。

それを、これからみなさんにお話ししようと思います。

「私がこんなにしているのに」。この言葉をママたちからどれだけ聞いたことでしょう。

まずは問題の原因を明らかにし、それからいくつかの選択肢をお伝えできる本になればと思います。

——イザベル・フィリオザ

子どもの気持ちがわかる本　もくじ

はじめに　●5
この本の使い方　●12

第1章　子育てって大変！

子どもが泣くのは当たり前　20
ダダをこねるってどういうこと？　21
何が起こっているのでしょう？　22
愛情のタンクは満タンですか？　23
かんしゃくなどの感情の爆発　29
じっとしていない子　33
イスを揺すって遊ぶ　34
親が原因を作っているかも　35
そんな年齢！　38

第2章　親がダメ！という時期
1歳から1歳半

ダメというよりストップと言いましょう！　42
口で言うだけでなく、手を添えてやめさせる　44
決まりを無視する、してはいけないと言っても聞かない　45
してはいけないと言ったばかりのことをすぐにする！　50
ほしくなると待てない！　52
あれこれ指差してほしがる　55
転んだ時、ママの顔を見てから泣き出す　57
ママが少しでも離れると、大声で泣き叫ぶ　59
夜中に目を覚ます　61

第3章 イヤイヤ期

1歳半から2歳

反抗する ●66
ちょっと気に入らないと泣き叫ぶ ●69
イライラするほどしつこく聞く ●71
いたずらをする ●73
たたく、噛みつく、髪の毛を引っぱる ●76

第4章 秩序

2歳から2歳半

子どもは頭の中で整理している ●82
何事にも順序と場所がある ●84
帰る時間になっても公園を離れようとしない ●86
怒りなどの感情を受け入れる ●88
新しい状況を怖がる ●90
眠りたがらない ●91
呼んでも聞こえない ●92
食べるのを拒む、食べ物で遊ぶ ●94
下品な言葉を使う ●96

第5章 わたし、ぼく！　1人でやる！

2歳半から3歳

1人でー！ ●100
ほしい！ ●102
何がほしいか自分でわからない ●106

第6章 一緒に！

3歳

「したくない！」 ●110
ルールを知っているのに守らない ●112

第7章 想像の世界が生まれる（すばらしいもの怖いもの）
3歳半から4歳

怖い夢を見る ● 116

悪いことをしたのに「わたしじゃない」と言う ● 118

第8章 ルールと自分のイメージ
4歳

ルールについて ● 122

作り話をして自慢する ● 123

内気すぎる ● 124

言わなくていいことを言ってしまう ● 127

第9章 自意識と社会適応の難しさ
4歳半から5歳

朝出かける時間になると、お腹が痛いと言う ● 130

病院で裸になるのを恥ずかしがる ● 132

着替えに時間がかかる ● 133

質問しすぎる ● 135

第10章 制限すること

感情を受け入れながら拒否する ● 138

してはいけないことではなく、してもいいことを言う ● 140

ひと言で十分！ ● 142

描写することで関心を表す ● 146

失敗やいたずら ● 149

第11章 子ども同士のケンカ

ケンカでは ● 168
子どもたちがケンカをしている時はこうしよう ● 169
対抗意識 ● 171
ストレスを発散する ● 172
貸したくない ● 173
赤ちゃん返りとの闘い ● 176
弟が真似をする! ● 177
家に呼んだ自分の友だちと遊びたがらない ● 178

第12章 その子の年齢に応じて

ウソをつく ● 182
部屋の片づけはだんだんと ● 184
どうすれば? ● 187
今の子どもは昔の子どもより悪い!? ● 196

最後に

おわりに ● 204
謝辞 ● 205

カバーデザイン	井上新八
本文デザイン	荒井雅美
DTP	野中賢(システムタンク)

この本の使い方

わかりやすいようにイラストでママ、パパへ提案をしています。

イラストは、日常よく起こるシチュエーションを描いています。

「わたしやぼくの心では、こんなことが起こっているの」
子どもの心の中を伝えます

ランプは、神経科学や実験心理学でわかっていること。子育てのヒントをお伝えします。

　本書で紹介されているシチュエーションや、ママやパパのとるべき態度はあくまでも1つの例でしかありません。それぞれのシチュエーションにおいて、ほかにもたくさんの選択肢が考えられます。
　変な言い方かもしれませんが、この本を信頼しすぎてはいけません。私たちはこれが真実だ、と言っているわけではないからです。**みなさんがご自分でそれぞれ子どもを観察し、感じ、体験していただきたいのです。**

　この本で提案することは、単純すぎたり、理想的すぎたりすると思われるかもしれません。家族の中でいざこざはよくあるので、どんなことも当たり前だと思ってしまいますし、子どもたちが言うことを聞かないのにも慣れっこ。ですから、ここに書いたようなことが簡単にできるということが、なかなか信じられませんよね。

たとえば、ドアを開けようとして体当たりしていて、「なあんだ引けばよかったんだ」と気がつき呆気にとられてしまうことがありますね。この本を読むと、これと同じように感じるかもしれません。**力ずくで開けるのではなく、押すのか引くのかを調べてみましょう。**

さて、この本ではママやパパを悩ませる子どもの態度についてお話ししていきたいと思います。

子どもは本当にわがままなのでしょうか？　そんな時子どもには何が起こっているのでしょう？　第1章はこの本全体を導くこんな疑問から始めています。

子どもの教育には何より親との関係性が大切です。何よりも優先されるべきです。悪い関係性は悪い結果、つまり攻撃性や学業不振などさまざまな困難なことを招きます。

よい関係性であれば、困難に立ち向かうことができ、一緒に障害を乗り越えることができます。

それなのに、私たちはこれを大切にするのをすぐに忘れてしまいます。

よい関係性を守るということは、何でも望み通りにして子どもに好かれよう、ということではありません。まずは何より愛されていると感じることが子どもには必要なのです。

けれど、日常、子どものほうは、愛されていてもそうでないと感じる理由が山ほどあるでしょう。**ですから、天使の愛情のタンクをどうやっていっぱいに満たしてあげて、いつも安心を与えられるようにするかを考えていきましょう。この安心感こそが教育の面でも土台になります。**

愛情不足ということで片付けるのは簡単。けれど、実は子どもの態度にはほかにもいろいろな原因があります。緊張、興奮、過度の刺激、退屈、あるいは単に生理的な欲求など、子どもを爆発させるこうしたさまざまな原因を一緒に探っていきましょう。

同じ音に対して、泣く赤ちゃんもいれば、目を大きく開くだけの赤ちゃんもいます。一方にとっては恐怖でも、もう一方には興味の対象というわけです。この世に生まれ出てきた時、赤ちゃんにはすでに9カ月の人生、9カ月の経

験があります。

　親も、誰1人として同じではなく、その人によって経歴は違い、目標があり、年齢や健康状態も違います。また、子どものためにあまり時間を割くことができない人もいるでしょう。
　そして、どの親子関係もそれぞれで、ほかのどことも違う環境の中で、そのたびに新しく作られるものなのです。だから、自分の子どもとの関係を作るのはあなた自身です。

　子どもが大人のミニチュアでないことはよくわかっていても、大人のように振る舞えないことを非難してしまうことがよくありますが、子どもたちの理解しがたい反応の多くは、実はこの思い違いに関係しているのです。
　子どもは脳がまだ発達中なので、私たち大人と同じようには物事を見ていないし、理解してもいません。これを無視するせいで、衝突したり、無益な罰を与えたり、イライラしたりするのです。要するに、親が子どもに何か期待しなければ争いは起きません。
　あなたが期待することは子どもの年齢に対して現実的でしょうか？　小さい男の子がウソをつく……、その時その子が2歳であっても4歳であっても同じ対応をしてもいいのでしょうか？　子どもたちが今何を必要としているかを一緒に考えてみましょう。

第2章は1歳から1歳半に起きることについて、第3章は1歳半から2歳までの子どもに見られるわがまま、抵抗、怒りについてお話しします。
　第4章は2歳から2歳半までの子どもの世界を探ります。第5章では、2歳半から3歳までの自己中心的な行動について、第6章では言うことを聞かない3歳から3歳半の子どもにどう付き合うかを見ましょう。

3歳半から4歳になると、子どもは新しい恐怖に出会うことになりますが、第7章ではそのことをお話しします。4歳の子どもは、もはや別の人格で、失礼な言動、ウソ、恐怖、悪夢といった問題が出てきます。第8章はそれに割り当てました。
　第9章では4歳半から5歳です。パパやママにとってもっとも大変な時期は過ぎました。

　9カ月で歩く子もいれば、1歳半までかかる子もいます。1歳10カ月でかなり込み入ったことが言える子もいれば、3歳ごろになってやっと話し始める子もいます。成長のどの領域でも、個人差は自然なことであって、病気ではありません。

　くどくなるのを避けるため、どの文章にも「時には」とか「ということもあります」と付け加えていませんが、みなさんがそれを付け加えて読んでください。また、できるだけ重複を避けましたので、もし該当する年齢のところに書いていなくても、子どもの反応の多くは、いろいろな時期に出ます。この本の全体に目を通して、どこかに書いていないか探してみてください。

　私たちが「夜型」だったり、「朝型」だったり、ある種の匂いや音に敏感だったりするように、どの子どもにも特有のリズムや感覚があり、発育の仕方があります。
　ですから、1歳3カ月で知らない人を怖がらなく、まったく泣き叫ぶことがなくても、少しも異常ではありません。ある年齢ではある態度が自然だ、という表現は、必ず現れるはずだということではなく、よく見られるという意味です。
　また、誕生日になると脳が驚異的に変化する、などということは起こりません。**連続的に発達していくわけではなく、S字型を描くように進み、たと**

えば１歳２カ月でできるようになったことが、１歳５カ月で白紙に戻ったりすることがあります。

　子どもの脳は常に改造中で、重要な再構成の時期は、当然のように後退や混乱や不安を伴うのです。

　この本を読むと、子どもというのは心配の種でしかないと思ってしまう人もいるかもしれません。けれど、まったくそんなことはありません。

　子どもと過ごすことは、今はそうでなくても本当に日々うっとりするほどの喜びに満ちているものです。

　この本で問題のある状況ばかり取り上げるのは、それが親との関係を損なうだけでなく、**将来のお子さんの人生に、親であるあなたの人生にもそして、ママとパパの愛情関係にも損害を与え、台無しにしてしまう可能性があるからです。**

　子どもを罰することが必要であり正しいことだ、と深く信じている親は少なくありません。お尻を叩くことやほほを平手打ちすることが、親としてのしつけの１つだ、と思っている人々さえいます。罰には効果がないにもかかわらず、私たちの祖先や親の代では、脳についてほとんど知られていなかったので、恐怖を与えることによるしつけを信じるのも、仕方がなかったかもしれません。

　けれど、脳の画像が見られるようになり、神経について、ストレスのホルモンについて、知能や記憶についての知識が豊かになった今日、暴力的な手段による教育はすぐさま止めるべきであることが、知られるようになりました。

　暴力は、心の傷に加えて、明らかに生理学的な影響も残ります。

　ある研究者は、子どもをしつける時の親は、自分自身が子ども時代に体験した

ことを思い出し、共鳴を起こしてしまうから理性的になれないと言います。

　感情的で激しい反応をしていては、なりたいと思っているような親にはなれないし、客観的に考えることはできません。では何かをしてはいけないと禁止したい時にはどうすればいいのでしょう？

　何かをやってはいけない、という制限を設けることは、専門家の間でも議論されている問題で、多くの親がどうしたらいいかわからないことです。

　第10章 に、そうした禁止や制限が子どもの方向付けや保護であって単なる制約にならないよう、そして特にその制限が守られるようにするための具体的なヒントが書かれています。

　子どもたちがケンカばかりしている！　そんな時は、どうしたらいいのでしょう？　何もかも嫉妬心のせいにできるでしょうか？　私たち親のほうも、どの子も同じように愛せないという罪の意識を持つのはやめましょう。ほかの原因が働いているのです。

　それに子どもたちは、あなたの罪の意識や道徳の話ではなく、具体的な助けを求めているのです。これが 第11章 のテーマです。 第12章 では、問題解決の８つのステップを紹介します。

　最後に究極の質問、「それって本当にそんなに深刻？」大変さを誇張し、「カバンをちゃんとお片づけしないと、受験の時に失敗するよ」などとという、私たちがよくやってしまう行き過ぎな言動は、私たち親の権威を損ねるだけでなく、その子との関係を変質させてしまいます。

　子どもは、何と言っても私たちにとって世界一愛しいものだということをそろそろわかってください！

第 **1** 章

子育てって大変！

What is going on inside the child's head ?

子どもが泣くのは当たり前

　大事にしている植物の葉っぱが黄色くなって落ちてしまっても、あなたはまさか植物がわざとやったなんて思いませんよね。水のやりすぎ、それとも不足？　日光や肥料はどうかしら……。足りないのか多すぎるのか、何が起こっているのかを知ろうとします。

子どもというものは、どう考えても植物より複雑です。

　けれど難しいわけではありません。ひっくり返って泣き叫ぶのも、何かを訴えるメッセージなのです。足りないのか多すぎるのか。何かをほしいと言っているのではなく、何かから刺激を受けての反応だとしたらどうでしょう？　それに私たちは子どものこととなると、当たり前のことでも問題視しがち。毎年秋になって庭の木々の葉っぱが落ちたら、あなたはその度に怒りますか？　あなたのかわいいお子さんがゲームで負けて泣き叫んだ時も、同じことだと思ってください。

What is going on inside the child's head ?

ダダをこねるって どういうこと？

パパやママは、子どもたちによくわけのわからないダダをこねられて困ると言います。青いコップじゃ、いやと言って飲まない、出かけるのに服を着ない、ママとじゃないとお風呂に入らない……。

まったくイライラさせられますよね。

けれどこれは本当に気まぐれで、私たちを困らせようとしてやっていることでしょうか？　子どもの典型的なこうした態度は、特に意味のないただの思いつきによる「わがまま」なのでしょうか、それとも彼らの脳の発達に照らしてみれば、なるほどという理由があるのでしょうか？　私たちが腹を立てたくなるほど3歳の子どもがメソメソするのも、もしかすると何かの結果であって、その子がしようと思ってのことではないのかもしれません。

私たちは、子どもたちが自分の欲求を通そうとしているのだとばかり思い込んでいる節があります。「その証拠に、やってはいけないということをしながら、私の目を見るのよ」。

いえいえ、全然違う原因があるかもしれません。

あなたはおとなしくて、静かで、お利口な子がいいですか？　泣いたり叫んだりは絶対にしないような？　それは無理！　けれど、いわゆる「ダダ」を止めること、それならできます！

第1章　子育てって大変！

What is going on inside the child's head ?

何が
起こっているのでしょう？

　そう、確かに何かが起こっています。子どもがたまたまこうした振る舞いをしているのではなく、悪意もないとしたら……。腹を立てる前に、自分と子どもの両方に向かって、大声で疑問を口に出してみましょう。「どうしたの？」。こう言ってみることで、いつものように怒りを爆発させるのを、防ぐことができるはずです。

　1つ確かなのは、パパやママを罠にかけようとしたり、試そうとしているのではないこと。そんなことができる知的能力はまだありませんから。

　子どもたちのわがままやダダと言われるものは、このあとも、この本全体を通じて出てきますが、**これは実際には、子どもにとって複雑すぎる状況に対する、子どもの脳の反応なのです。**ではそんな時、子どもに何が起きているのか、一緒に探ってみましょう。

Column
これはわがまま？　見分けるためのテスト

　子どもが親をだまそうとしているかどうかがわかる、簡単な小テストがあります。立方体あるいは板状でいくつか穴が空いた形をはめ込むというおもちゃがあったらそれを使い、たとえば三角と円の穴のほうを示してから、どちらかの形、たとえば三角形を渡してください。それからそれがどちらの穴に合うかを尋ねてみます。1歳8カ月くらいですと、ほとんどの子が当てずっぽうです。3歳4カ月では、85パーセントが三角形の穴に入れることができるようになりますが、毎回正解とは限りません。これができるようになるには3つの項目を一度に頭の中に入れておく必要があるため、ほとんどの子が毎回正解できるようになるのは4歳以上です。だから、何かを気まぐれですることなど到底できないのです。

● 言葉で愛情を伝えよう

もしすぐに手を離せない時は、顔を見てあげるだけで、子どもは待つことができます

ちゃんと返事をすることが大事

その疑いがどうして生まれたのかも聞く

愛している、大きくなるのを見るのが楽しみ、一緒にいるのが好き、あなたが私の子どもで嬉しいのといった言葉は、子どもに良い影響を与えます。

時間を共有すること

Hint　子どもが接触したがっているのに満たされないと、脳回路は禁断症状に陥ります。怒りを爆発させたり、なんでもないのに泣いたりする激しい振るまいは、神経組織が苦しんでいる証拠です。「好きだよ」と言う、抱いてほおずりする、一緒に遊ぶなどすると、幸せのホルモンであるオキシトシンが組織を満たして、子どももママやパパも、幸福で満たされていると感じることができます。

1日にたとえ10分でも、完全に子どもと向き合って、愛情と優しさを注いであげるようにすれば、穏やかな夜を過ごせるのは確実です。

● 体のふれあい（触れる、抱く、なでる、ほおずりする）

子どもがかわいく思えない？それはおそらくあなたの緊張感や、あなた自身の子ども時代の愛情の欠乏からです。

あなたには誰かを愛したり、愛情を与えたり、あなた自身も愛情を受けとる権利があります。

子どもにはもちろん、あなたやほかの人もみな、オキシトシンが必要です。この素晴らしいホルモンは、優しく体がふれあうことで分泌され、緊張をほぐし、安心感と幸福感をもたらしてくれるのです。

第1章　子育てって大変！

子どもへの愛情を感じながら、同じ感情があなた自身の体中にも広がります。それから手を子どもの手に重ねてみましょう。耳をすませて、感じ、迎え入れ、子どもの命をあなた手のひらで受け止めてください。

　手の匂いをかいで、子どもの命の呼吸があなたの中、あなたの心の中にまでしみ込んでいく様子を思い描いてください。

Hint すべての問題が愛情不足のせいというわけではありません。1歳から3歳の子どもが起こす感情の爆発は、生理的状態に直接関係している場合もあります。

　なんでも心理学的に見るのが数年前からの傾向で、子どもが少しでも異常な振るまいをすると、注意を引こうとしているとか、反抗している、支配力を握りたがっているなどと解釈しがちですが、実際はもっと単純である場合が多いのです。

　お腹が空くと脳内の血糖値が変化してイライラしがちになりますし、喉がかわいた、眠りが足りない、服を着すぎていて暑い、おしっこやうんちがしたい、ということもあります。

　また刺激が、多すぎるだけでなく運動が足りない時も、脳や体はストレスのホルモンでいっぱいになります。

What is going on inside the child's head?

かんしゃくなどの感情の爆発

第1章 子育てって大変！

children's voice

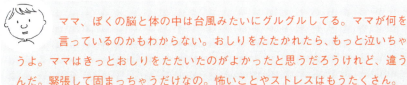

ママ、ぼくの脳と体の中は台風みたいにグルグルしてる。ママが何を言っているのかもわからない。おしりをたたかれたら、もっと泣いちゃうよ。ママはきっとおしりをたたいたのがよかったと思うだろうけれど、違うんだ。緊張して固まっちゃうだけなの。怖いことやストレスはもうたくさん。

どうしてそんなに怒ってるの？　どうしてぼくのこと怒るの？　ママ、お願い、このグルグルした嵐を止めてよ。助けてほしいから、ぼくはもっと叫ぶよ……。ぼくを暴れるままにしておかないで、ママ。たくさんいろいろなものや音があるところだと、ぼくはどうしたらいいかわからなくなっちゃうの。お菓子は、ほしいんじゃないの。何とかしなきゃと思って、ただそう言ってみているだけ。

ママがダメって言うと、ぼくはもっと逆上する。わざとしてるんじゃないの。いろいろな刺激のせいで、ホルモンが体と神経にいっぱいになっているから、叫んだり、泣いたり、地面を転がったり、頭をぶつけたりするんだ……。おうちへ帰ってママと2人だけになるまで我慢できる時もあるけど、できないこともある。

Hint 子どもの神経組織は、緊張が高まるとそれを解放するためのリアクションを起こすことがあり、「かんしゃくを起こす」などとも呼ばれます。親は落ち着かせようとするでしょうが、子どもの脳にとっては、この感情の発作そのものが落ち着くための方法なのです。そのすぐあとに、緊張がすっかり解けてニコニコしたりするので、親はあっけにとられて、子どもが自分を困らせようとしたのだと思ってしまいます。

「譲歩するか/しないか」、つまりお菓子を買い与えるかどうかの二者択一は、落とし穴です。どちらを選んでも、子どもの欲求は否定されてしまうからです。スーパーマーケットには、色彩やものや音が溢れていて、周囲には緊張があり、大人も興奮気味でいら立っています。

その上、カートの中でじっと座っていなければならないという状況が加わって、幼い子どもの脳の容量はあっという間にいっぱいになってしまいます。

幼児の脳は、たくさんの知覚の刺激をいっぺんに受けて、なすすべがなく、自分の神経を高ぶらせている刺激をどうやって選別し整理すればいいのか、わからなくなります。

お菓子をねだるのは、自分でも落ち着こうとして、何か手がかりになるものはないだろうか？　何か一点に集中できるものはないだろうか？　と求めた結果、過剰な刺激から立ち直る方法として、やってみているだけのことなのです。

親のほうがいら立って、子どもに落ち着きなさい、と言うより、私たち自身の自律神経の中に包み込んであげるようにするほうが効果的です。優しく安定感を持って、包み込んであげれば、**子どもの体内でオキシトシンというホルモンが分泌**され、落ち着くのを助けるでしょう。

またこのホルモンは、神経回路の発達を促すので、一生を通じて感情のコントロールに役立ちます。

children's voice

ママ、ぼくが怒って暴れる時はね、自分を抑えて、落ち着きたい、安心したいとだけ思っているの。こんなふうに時々、イライラしちゃうから、ぼくは怖いよ。泣き叫んでいる時は、ぼくを優しくしっかりと抑えてほしい。すごく暴れても、しっかり抑えてね。お願い、ママ、お菓子は買わないで、ぼくにどうすればいいか教えて。

Hint　お菓子を買いすぎることにならないように、予防策を講じるのがお勧めです。初めての場所や刺激の多い環境。たとえば駅、商店街、スーパー、家族の祝い事などでは子どもに何か仕事を与えましょう。もちろん能力に合ったものを。そうすると子どもは、それに注意を集中させることができます。脳が、やる気が出て自発的な行動を促すホルモン、ドーパミンを分泌して、

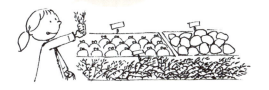

ストレスをコントロールし、恐怖や怒りのシステムを抑制します。

　4歳では、何かを頼まれた時、10分くらいは記憶にとどめておけるようになりますが、それより前の年齢では忘れてしまいます。そのため、もっと下の年齢では、頼まれた仕事を何度か思い出させてあげてください。子どもがしていることに言及する（もちろんほめてあげて！）のもよい考えです。「わあ！　美味しそうなみかんを選べたわね。それを袋に入れて、もう1つお願い……」

　こうしたやり方は時間がかかるようですが、ママにとって結局とても時間の節約となります。

　それに人前で大騒ぎしなくて済むという、おまけもありますよ。

children's voice

みかんやにんじんを選んでいると、大人になったみたいな気がするの。そしてこのお仕事のことで頭がいっぱい……。ママは喜んでくれるし、わたしは泣き叫ばなくてもすむから、いやな思いや怖い思いもしない。

What is going on inside the child's head ?

じっとしていない子

　子どもの脳は、暇になるとすぐに何かしら気を紛らすことを見つけますが、それがママの気に入ることとは限りません……。ママやパパから子どもにもできそうな仕事を頼むことで、脳の前頭連合野（情報を受けとって行動計画を立てるところ）を動かすのを助けることになります。

Hint　大人たちの多くは、子どもが動き回らずにはいられないことを、注意を引こうとしているとか、言うことを聞きたくないしるしだと思ってしまいます。確かに、注意を引こうとしている時もあるかもしれませんが、それ以上に多くの場合は、**ただ単に動きたいという欲求があるだけなのです。**

　順番待ちの列に並ぶこと、渋滞に巻き込まれること、レストランで待つこと、さらには列車に3時間も乗ることは、2歳から6歳までの子どもが耐えられるキャパシティを超えています。

　よく動く子どもを必ずしも「じっとさせる」必要はなく、そのエネルギーをほかへ導いてあげればいいだけ。1カ所にじっとしていないからといって、叱るのは、子どもの脳にとっても心の安定にとっても、役に立たないばかりか、実は害なのです。叱る代わりに、何か目標や用事などを与えて、脳の欲求をもっと効果的に満たしてあげましょう。

What is going on inside the child's head ?

イスを揺すって遊ぶ

Hint 子どもがイスを揺するという、行儀の悪い態度をとるのは、注意を引こうとしたり、親をバカにしたりしているわけではありません。

実は、イスを揺らしながら、バランス感覚を司る内耳を刺激しているのです。
退屈な時などの遊びとしてやっているので、自然に刺激することになりますが、時には脳が平衡器官との連結を必要として、そのような動作を要求している可能性もあります。そんな時は、「じっとしなさい」と言うと、緊張を生み手のつけられないような行動になって子どもの感情が爆発する危険があります。

それ！

イスを揺するのをやめさせたければ、シーソーやブランコ、回転する椅子に乗せて目をつむった状態でゆっくり回すなど、それ以外の方法を提案してあげてください。それでも続くようなら、叱るより、医師に相談することをお勧めします。

同じように気になる行動として、お気に入りの毛布やぬいぐるみ、あるいは自分の親指を、ほかの子がそういうことをしなくなる年頃を過ぎてもまだ舐める子がいますね。それは愛情が足りないとからか感情的な問題があるからでなくて、おそらく舐めることで口蓋を刺激する必要があるからです。この問題を解決するには、よい歯科矯正医に診てもらったほうが、叱るよりいいでしょう。

What is going on inside the child's head ?

親が原因を作っているかも

第1章 子育てって大変！

　列車の中でのことです。あるママが、特に何もほしがっていない2歳半の女の子に約束しました。「おうちへ帰る時、お菓子を買ってあげるわね」。もちろん、数分後に女の子は聞きます。「ママ、お菓子どこ？」

　このママは、まだ予測の能力のない子どもに、「欲望」を目覚めさせるという余計なことをしてしまいました。この年齢の子どもはまだ、未来を想像して、心の中で帰宅途中にスーパーに寄る場面を思い描くことができないのです。

Hint　怒って言うことを聞かないとか、泣き叫ぶというのが、単に緊張を解くためでも刺激を求めるためでもない時、私たち親の言葉が原因になっている可能性があります。子どもたちは成長しようとしています。私たちの言いつけや禁止の仕方が間違っている場合や、その子の年齢にふさわしくない要求をしている場合に、子どもに与える影響についてはあとでお伝えしますネ。

　先ほどはじめにでお話しした、ママの質問をもう一度取り上げてみましょう。怒っている3歳の子どもの前で、どうすればいいのか？　でしたね。

　このような一般的な質問ではお答えできないので、何が原因でしたか？と私は聞きました。そのママはうまく言えないようです。

「よくあるような……」

　怒ることそのものを問題にしていらっしゃるようですが、何かによって引き起こされた反応だということが問題なのです。確かに、子どもが怒っているのが自分のせいだと気づくことは、いい気持ちがしません。けれど、お子さんが一番最近怒った時のことを思い出していただきました。

「お菓子をあげたくなかったんです」

　私は改めて、詳しいことを伺いました。どんな状況でしたか？　それはこういうことでした。

「息子は戸棚の上に置いてあるお菓子の入れ物を取ろうとして、まずイスに、それから台に登りました」

　それで情景がいっぺんに見えてきました！　私たち（このママだけでなく、みんな）がいかに、結果（ここでは怒り）に対して「どうするか」ということに焦点を当てていて、その前に自分たちが別の態度をとることができただろうということには気づきません。その子が怒ったのは、ママがお菓子を与えなかったからでしょうか？

　状況を分析してみましょう。彼は3歳です。戸棚の上には目立つようにお菓子の入れ物が置いてあります。戸棚のそばにはイスと都合のいい台も……。

　私は会場のみなさんに、3歳の子どもの主な欲求を思い出してもらいました。全員が声を合わせて微笑みながら答えてくれました。

「**自分の力を試したい**」

　確かに、子どもはお菓子を取ろうとしました。私たち大人の脳は、中身、目的のものに集中して……それしか見ません。けれど子どもは、登るほうに興味があるんです。

　お菓子が冒険の目標として選ばれた対象でしかなく、子どもにとっては自分の体でやってみることのほうが大事だったということに、ママは気づきませんでした。

　このような子どもの企てがわかったら、こんな対応はどうでしょう。

「わあ！　そんなところまで登れたの？　もう少しでお菓子に届くじゃない。すごい！　ほうら、届いた。入れ物を押さえていてあげるから、好きなのを選びなさい、夕飯のあとに食べようね。それまでどこに置く？　台所のテーブルの上か……、それともカバンに入れておく？　それともママが預かっておこうか？」

　こうすれば子どものかんしゃくに対処する必要はないでしょう。怒っていないのですから。
　そう話すと、またそのママがおっしゃいました。
「でも、夕食前にお菓子を食べさせたくないんです！」

　それならなぜ、子どもがほしがるようなお菓子の入れ物を、戸棚の上という目立つところに置いたのでしょう？　ほしがらないように、と思うならそんなところに置いてはいけません。これは、３歳児の脳にとって、りっぱな誘引動機づけとなります。それなのに、子どものほうが親を困らせている、なんて言うんですから。

What is going on inside the child's head ?

そんな年齢！

Hint 威圧的な傾向のある親は、子どもが羽目を外して、神経を逆なでするような行動をすると、よくない意図や生意気さ、さらには悪い性癖の現れだと解釈する傾向にあります。

反対に子どもに甘い親は、何か心の傷があるのではないか、と心配し、自分たちがよい親ではなかったのでは？と、反省する傾向にあります。

けれど、果たしてそのほかには原因がないのでしょうか？

１歳３カ月で、やってはいけないと言われたことをママの目を見ながらやること、３歳では暗いところを怖がり、４歳でウソをつくこと……はパパやママにとって確かに容易な体験ではありませんが、自然なことです。

１歳の時は、パパの腕につかまって問題なく海に入れた子が、３歳になったら怖がる……。脳は一本調子ではなく、次々と再編成しながら発達します。ある年齢でできるようになったように思っていたことが、そのあとの年齢でできなくなることがありますが、それは神経の通路が再編成されるからなのです。

１歳のお子さんに対してイラ立ちそうになった時は、子どもの脳の中では、毎秒100万個近くのシナプス（注）が作られていることを思い出してください。すごい！建設中の脳の様子のイラストを見れば、イラ立ちがおさまるかも。深呼吸……。

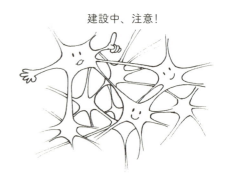

建設中、注意！

[注] シナプス：ニューロン（神経単位）同士を結ぶ、神経細胞の樹状突起または腕の先にあるボタン

まとめ

泣く、怒って暴れる、困ったことをするのはなぜ？

● それは……

刺激を求めている ▶ 必要としている刺激が得られるような、別の適切な行動のほうに導く。

何かを訴えている ▶ 何を必要としているかがわかったら、満足させてあげる。すぐには無理なら、待つように言葉で伝える。

緊張を解放している ▶ 泣いても叫んでも受け入れる。子どもが傷つくような危険な動きは抑えるが、ストレスを受け入れ、吸収してあげて、穏やかな気持ちを取り戻させる。

● そのどれとも違う場合、それはおそらく……
私たちの側の不適切な態度に対する反応

● あるいは……
その年齢として自然な振るまいです！

第 **2** 章

親がダメ！
という時期

1歳から1歳半

赤ちゃんが、ハイハイなどで自分で移動できるようになって、いろいろなものに触るようになると、親が「ダメー、と叫ぶ時期」が始まります。

What is going on inside the child's head ?

ダメと言うより
ストップと言いましょう！

「ストップ」はダメと言うよりずっと曖昧さがなく効果的です。「ダメ」という時は、とがめる調子で、顔も険しくなりがちですが、「ストップ」は命令でも、冷静で、とがめる感じにもならずに、子どもの動きを止めることができます。

　この月齢の子どもが新しいものに触れる時は、たいていの場合親の顔つきをうかがって、許可を求める様子を見せます。その時が「ストップ」と言うタイミングです。それから、わけを易しい言葉で説明してあげてください。

　ただし、子どもがそれを全部記憶することは期待しないでください。

　遊んでいる時「ダメ、ダメ、ダメ」とニコニコして言うと、言葉の意味を混乱させるので、注意しましょう。

children's voice

　地面に落ちてた植物の茎を、噛んじゃだめ？　いつもは、葉っぱに触ってごらん、とってごらん、っていうじゃない。なんで怒ってるの？　全然わからないよ。赤ちゃんのお仕事をしているだけなのに。

　怖い声で「ダメ」って言われる時、ぼくはパパやママを見ている。首を右や左に振ってるよね……。怖いよ、だってどうしてかわからないんだもの。

Hint 1歳くらいの子どもは、危険だとか、許されているかどうかを気にすることなく、何にでも触るものです。

親の側からは、していいことといけないことの区別は明らか。けれど、幼い子どもたちには、まったくわかりません。その意味がわかるようになるのは、4歳から5歳になってから。そのため、実際にやってみながら、ママやパパのほうを注視するのですが……それを親は、「生意気だ」と思ってしまうのです。

What is going on inside the child's head?

口で言うだけでなく、手を添えてやめさせる

1歳の子どもは、規則がどういうものかさえまだわかりません。ましてや守ることなんてできない……。

まず、子どもが手の届くところのものはなんでもいじっていいように、壊れやすいものは高いところに片づけるなど、危険のない環境にすることをお勧めします。

こうやって優しくなでてあげようね

違うほうへ行きそうになったら、「おっと！こっちだよ……」と、つかまえて向きを変え、導いてあげれば、言葉で言うより、体でわかるので効果的です。

子どもは大抵、特別の何かより自分の体を動かすことのほうに興味がありますから。

children's voice

パパが一緒にこうやって教えてくれると、勉強になって、楽しい。この葉っぱをどうすればいいかわかったよ。

What is going on inside the child's head ?

決まりを無視する、しては いけないと言っても聞かない

Hint この年齢の子どもにとって、規則はただの言葉で、自分の具体的な行動とは関係がありません。

1. まだ概念化ができない

　すでにたくさんのことを知っていますが、まだ一般化や概念化はできません。たとえば、「噛んではいけない」という言葉の意味は理解できるし、復唱することもできるのですが、自分が今、妹に対してやっていることと関係があるとは思っていません。

　後悔している様子やしまったという表情をしていても、それはあなたが眉をひそめているからか、大声を出したからに過ぎません。過ちの概念さえわかっていないのです。その代わりあなたが怒るのは大嫌い。

　だから、ママやパパの反応を確かめ、理解しようとして、すぐさま同じことを繰り返してみる可能性があります。

2. 覚えていられない

　1歳から1歳3カ月の間は、前頭葉の大脳回（大脳皮質にあるシワ）の中でシナプスが増大して、明瞭な記憶力が発達し、言葉の記憶が可能になります。けれど、言葉の意味を理解しても、それを長い間、頭の中にとどめておくことはまだできません。直前に起こったことについては、ある程度の記憶がありますが、直前のことだけです！　それに2つの情報や考えを同時に記憶することはできないので、効き目を考えるなら、**子どもへの指示は1度に1つだけにしましょう。**

3.まだ自分の行動を抑制できない

4歳未満の子どもの脳内では、衝動（行動する、どこかへ向かう）の分野と抑制（行動を控える、止める）の分野がまだうまく接続していません！

それを確認できるこんな実験があります。まずパパが手に鍵を握っています。1歳3カ月の子どもはパパの手の中の鍵を探します。子どもが見ている前で、パパは鍵をクッションの下に隠します。ところが子どもはクッションの下でなく、相変わらずパパの手の中を探します。

心理学者が明らかにしているところでは、鍵がクッションの下にあることは知っているのですが、それでも最初に鍵を見た場所を探し続けるそうです。目が教えてくれたことではなく、手の衝動に従っているのです。これは、さっきとまったく同じところを探す衝動を抑えられないからで、1歳半になってやっと、クッションの下を探すようになります。

4.新しい能力を探るのが何よりも大事

子ども用のハイチェアに座って食事をしている時、わざとスプーンを落とし、あなたが拾ってくれるのを待って、また投げることはありませんか？　握るのは反射行為（握り反射）ですが、手から放すには意思が必要です。脳が、ちょっと前になって、やっと手を開いてものを落とすことを命令できるようになったので、子どもは試してみているのです。

おチビさんがスプーンを手から放すと、彼の脳はこの行為が成功させるため活性化されたニューロンのネットワークに記憶します。再びスプーンを手にすると、脳の中で同じ神経回路が活性化して、スプーンを落とす動作をさせるのです。そして、上述したように、子どもはこの動作を抑制することができません。この動作は結局1度では終わらずに、親が根負けするまで続きます。

5.子どもの脳は否定が苦手

何かをしてはいけない、と言うことは、それをさせるヒントを与えることになります。「あめを食べちゃダメ」と言われると、子どもは「あめを食べなさい」と言われたように受け取り言われた通りにします。あなたを怒らせないように。

子どもはダメといわれても想像してしまう

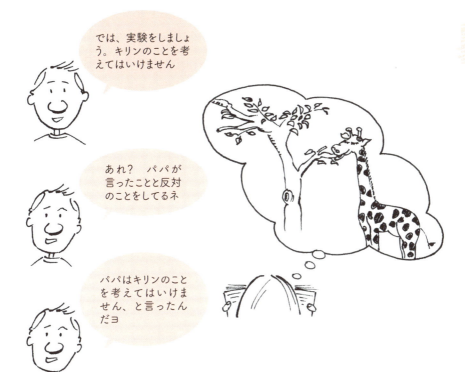

Hint 否定することは2種類の知能の動きを要求します。まず1つは思い浮かべる、つまり心の中でイメージを組み立てること。それから、もう1つはこのイメージを否定することですが、幼い子どもは、心の中ではこれをうまく処理することができません。

円形や四角形や三角形の穴が空いていて、適切な形をはめるようになっているおもちゃをまた使いましょう。子どもに三角形を手渡して、それがどの穴に入るか、言葉で言わせようとすると、子どもはおもちゃのほうへ手を伸ばします。実際にそれを穴に近づけて、はめてみる必要があるからです。そのあとで、その三角がどの穴に入らないか聞いてみます。すると途端に答えられなくなります。試してみてください、納得いただけるはずです。

　ですから、ママやパパは子どもにしてほしくないことをではなく、**していいことを言うようにしましょう。**脳に伝わることを単純にしてあげましょう。また、子どもは今を一生懸命生きているのですから、1回言われたことをそのあともずっと覚えているなんて期待しないように。

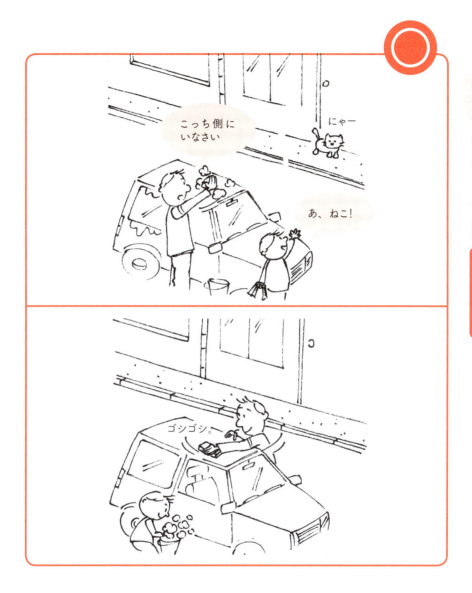

　もう一度繰り返しますが、子どもはあなたを喜ばせたいという気持ちにもかかわらず、自分で自分の衝動を抑えることが、まだできないのです。

What is going on inside the child's head ?

してはいけないと
言ったばかりのことをすぐにする！

Hint 2歳前は、子どもは主に感覚運動的に、つまり言葉ではなく物理的な感覚や体の動きを通して理解します。

「いけない」と言われたことをするのは、感覚運動的知能を使って、言葉で言われたことを理解するために、自分の体を使って言い直しているようなものなのです。

children's voice

どうしてなの？　ママが戸棚に触らないでって言ったから、ここかなって、すぐにやってみたのに……。

これがママの言ったことだよねって、ママの顔を見て急いでやったんだよ。なのにママ、どうして怒ってるの？　わたし何か悪いことしたかな？　悪い子なの？

ストップ！　そうね、それがしちゃいけないことなのよね。今は戸棚を閉めておこうね

What is going on inside the child's head ?

ほしくなると待てない！

Hint 2歳未満の子どもは、未来を想像することができません。まだこうした相対的な長さの概念がつかめるような時間の手がかりがないので、「あとでね」や「10分したらね」は永遠と同じです。それがわかっていると、短気に見える子どもの言動がもっとよく理解できるようになるでしょう。

子どもたちは、実際にはなんでもすぐにほしいと思っているわけではないのです。自分の言っていることを聞いてもらえたという合図がすぐにほしいのです。

素早く対応すれば、欲求が満たされない状態を学習できる

もし答えなかったり、ほしいと言っているのに罰したりすると、怒って泣くか引っ込んでしまいます。
　私たちは、それを、待てなくて「今すぐじゃなきゃいやだ」と言っていると思ってしまいますが、子どもたちの脳がまだ相対化ができないことに原因があるのです。

　空腹で血糖値が下がると、攻撃的になったり、手がつけられないほど泣いたりすることがあります……。
　食事の前にリンゴの一切れを与えることは、ご家庭のルールに背くかもしれませんが、血糖値低下による気分の不安定を避けることはできます。
　我慢することを教えるには、キュウリなどを少し与えたり、少しでも気にかけたりしてあげること。

What is going on inside the child's head?

あれこれ指差してほしがる

第2章 親がダメ！という時期　1歳から1歳半

Hint　子どもが空を飛んでいる鳥を指差したり、絵本のキリンを指差したりしても、鳥やキリンをほしがっているのだとは思いませんよね。親はものの名前を教えるために指で差すことがあります。

「見てごらん、これがドングリよ、あれがマツボックリ」。それなのになぜ、子どもがガラスケースの中のケーキやぬいぐるみを指差すと、ほしがっていると思うのでしょう？　子どもはただあそこにあるよ、と言っているだけ。絵本のキリンがわかるとほめられるのに……。

だからママやパパがダメと言うと、驚いて同じことを繰り返し、それでも全然わかってもらえないので泣き出すのです。でも、ママやパパは、やはりぬいぐるみがほしくて泣くんだ、と思ってしまう……。この悪循環は避けたいですね。

そんなことを言っても、指差すだけでなく「ほしい」と大声で叫んでいますって？　あとで詳しく伝えますが、これはまだ1歳半の場合なので「こうしたい」「あれがほしい」「こうしてほしい」「あそこにある」ということの区別がついていませんから、なんでも「ほしい」という言葉で表現しているだけなのです。

What is going on inside the child's head ?

転んだ時、ママの顔を見てから泣き出す

第 2 章 親がダメ！という時期　1歳から1歳半

children's voice

ママ、痛いよ。これって危ないこと？
わたしに何が起こったんだろう？

　子どもが泣くのは、ママやパパがそこにいるから。そしてあなたが心配そうな顔をしているのを見て、それに応じているからです。

　安心させるような眼差しと微笑みを見れば、元気を取り戻して、ひどく痛いのでない限り、自分で起き上がることができるでしょう。

　もし泣いているようなら、痛みを伝える言葉を教えるチャンスです。「あら、おひざが赤くなってるわね。チクチクしてるのかな？」「傷ができちゃったね、ヒリヒリするでしょ？」。

Hint ママやパパの眼差しが注がれているのを見て泣くのを止めるには、分離の能力が必要とされますが、幼い子どもはそれをまだ持っていないのです。

　人間の赤ちゃんは、動物であり、哺乳類です。確かに、今はほかの獣に襲われる危険はなくなりましたが、子どもたちはまだそれを知らないし、脳回路には哺乳類のプログラムが書き込まれています。哺乳類の子どもはみな、自分の苦境を大声で訴える前にママを待ちます。ママがいないところではあまり目立たないほうがいい。そして、ママ（＝安全）が戻って来た時、溜まった緊張をやっと放出することができるのです。

　お子さんが、保育園で素晴らしくいい子で過ごしているのに、夜になると泣き叫ぶのも同じです。外からはわかりませんが、ストレスの状況をじっと我慢していて、ママやパパの顔を見るまで頑張っています。

　ママたちにとって、子どもが自分に一番悪いところを見せるのは、苦しいことですし、自分のことを悪い母親なのでは、と思ってしまいます（特に、パパの「ぼくと一緒のときはいい子だよ！」という言葉が加わったりすると）。

　涙や怒りは、ママという無条件の愛を与えてくれる人に対する、単純な緊張の放出であることがよくあります。

　こうした態度は、この先まだたっぷり何年かは続くので、将来、思春期を迎えた子どもがあなたに怒りをぶつけた時、このことを思い出してください。あなたは子どもの苦悩の特別な受け皿だということを忘れないでください。パパたちやあなた自身のお母さんから、それはあなたに威厳がないからと言われるかもしれませんが、子どもはママと一緒にいることで、安心していられるからなのです。

What is going on inside the child's head ?

ママが少しでも離れると、大声で泣き叫ぶ

第2章 親がダメ！という時期 １歳から１歳半

Hint 駅や空港や人通りの多い道で、あなたが背中を見せて数歩離れただけで、パパと手をつないでいるのに大泣きする、ということがあるのではないでしょうか。そうした反応は愛情不足とはなんの関係もありません。「いないいないばあ」は好きでも、かくれんぼはまだできない年齢です。

ママが視界から消えると、ストレスホルモンに満たされるため、泣くのは哺乳動物としてのごく自然な反応です。ママから離れる不安は、7カ月から1歳に始まり、10カ月から1歳3カ月の頃ピークを迎え、3歳から3歳半で減少します。2歳半になると、子どもは親のイメージを持つようになりますが、まだ十分にしっかりしたものではないため、ストレスの状況では、そのイメージが消えてしまいます。

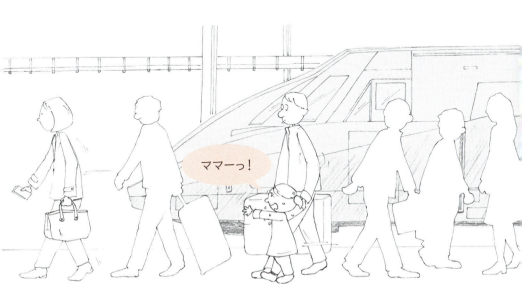

● しばらく離れる時は？

保育園やおばあちゃんのところへ行くときはどうすればいいでしょう？ あなたがいない間もあなたのことを考えられるように、**写真やママの匂いのするハンカチなど「ママの一部」を持たせてあげるのもいいと思います。しばらくの辛抱です。**

何カ月かして、あなたのイメージを自分の中で好きなだけ思い出すことができるようになれば、あなたがいなくても大丈夫になってきます……。

ママよりお友だちと遊んでいるほうがよくなる日がきっとくるはず。この時期を楽しんで！　人生は短いんですから。

What is going on inside the child's head ?

夜中に目を覚ます

> **Hint** 子どもが、夜1人にされないように泣くのは、哺乳類の脳の皮質にあるホルモン組織の反応で、哺乳類はみんな同じように振るまいます。**不安というのは心理的なものだけでなく、生理的なものなのです。**

そのことはMRIの画像が確認されています。子どもが不安を1人で処理するのはとても難しく、**泣くことが、頼みの綱なのです。**この危機感を和らげるには、緊張を解いて満たしてくれるホルモンであるオキシトシンが必要です。優しく抱いてあげれば、おさまるでしょう。

もちろん、夜の別れのほかにも不安の原因があって、余計に激しく泣くこともあります。「昼間の小さな心配事」「両親のケンカ」「家族の死」……。それだけでなく、**興奮、新しく覚えたこと、成長の段階が原因のこともあります。**生後1年目の終わり頃、夜中に2、3回起きることは珍しくありません。

この年齢の頃、幼い子どもたちは、本当に多くのことを学びますから、睡眠中はニューロンが活発に動いて結び合って、日中に得た経験を統合しているのです。

夜抱いてあげる時は、刺激を加えたり、言葉をかけすぎたりしないように注意しましょう。さらに、泣き出してから予防するほうが大変なので、目を覚ましそうな様子が見えたら、完全に目を覚ます前にあなたの手を子どもの上にそっと置いてあげましょう。

　この時は撫でないで、あなたの手で子どもの命と呼吸を優しく受け止めてあげる感じです。子どもは泣き出さずに、再び眠りに落ちるでしょう。刺激しないように、触れるだけにするのがコツです！

Hint　日中も同様に、掃除機とかサイレン、ドアのバタンと閉まる音などの強い音を怖がって、泣いたりすることがありませんか？　それは、周期的に脳の再編成が起こって、反応しやすく、感じやすくなっているからです。まだ十分に認知して処理できない時期には、音は実際より激しく感じられるのです。

　あなたの落ち着きで、穏やかに安心感を与え、体に触れながら（オキシトシンが発生）説明することで、言語脳を刺激してあげると、子どもは少しずつ認識脳と、感情脳を結びつけることができるようになります。

場合によっては、思い当たることがないか考えて見てください。睡眠がうまく取れないときは、両親の緊張が直接影響している可能性があります。そうなると、どんな「しつけ」のテクニックを使ってもうまくいきません。

　なぜなら、子どもには問題がなく、ただ親の緊張に反応しているだけだからです。赤ちゃんに家族の緊張を解く手立てはありませんから、それを感じて、体で受け止めるしかないのです。事態を選別して、「ぼくの緊張感はママとパパが原因。2人はママの会社の人事のこと、あるいはパパの昇給試験のことを心配しているからなんだ」などと考えることはできません。

心配してくれてるのね。パパもママもこの頃あまり一緒に遊べなくてごめんね。パパがお仕事でいろいろあって、困っているの。でもそれは大人の話。あなたと少しはゆっくりしなくちゃ。大事なことを思い出させてくれてありがとう。大事なのはママがあなたを大好きだってことよ

第 **3** 章

イヤイヤ期

1歳半から2歳

1歳半になるとかなり上手に体を動かせるようになりますが、まだ何でもというわけではありません。言葉も言いたいことは言えず、そのため、子どもにとって欲求不満の辛い時期になります。
ママとパパにとっても非常に難しい時期です。子どもの脳が、自分が固有の体と固有の意志を持った1人の人間だ、と意識させるようになるため、反抗し、自分で決めたがるようになります。「ぼくはパパじゃない、パパの延長じゃない、ぼくはぼくだ」ということを確認し、自分を意識して、自分の人格を信頼することは、自立心の発達にとって必要なことなのです。

What is going on inside the child's head?

反抗する

children's voice

わたしが「この長靴履きたくない」というと、ママはこの靴に何か問題があるのだと思ってしまう。けれど本当は、長靴が悪いんじゃないの。「これを履きなさい」と言われると、もう履けなくなる、わたしがいなくなる。ママが「……しなさい」っていう時、ママはわたしがいなくていいみたい、わたしがわたしじゃなくていいみたいって、感じるの。

Hint 何に対しても「いや」という時期は、実際、それほど長くは続きません。「私はママじゃない、私は私である権利がある」ということを確かめているのです。

親がこうした区別を受け入れてあげれば、長引くことはありません。拒否した場合は、子どもはできたばかりのまだ壊れやすい自我を守らなければならないことになります。いつまでもママの赤ちゃんでいるのでなく、成長した自分になりたい。

つまり、主体となりたいのです。

この時期に欲求していることは、反抗することではなく、ママと別の人格になりたいということなのです。**子どもの脳は指図に従っている時は、前頭葉は動きません。**

子どもに考えさせ、選択肢を与え、自分で決めさせるようにすれば（もち

ろん全部を決めさせるのは問題外）。**前頭葉を動かすことになりますから、**それによって、考えたり、決めたり、予測したり、想定したりするようになり、責任感も養われます。

Hint　けれど、2歳の子どもが選ぶことができる、と思ってはいけません。まだほんの始まりで、これから学んでいくのです。最初のうちは、自分なりの戦略を使ってみるでしょう。たとえば、いつもあなたが2番目に言うものを選ぶとか……。まだ選択の基準がないだけでなく、いくつかのものを比べようとしても、頭の中にそれらのイメージをとどめておくことがうまくできません。どれを選んだらどうなるかをイメージして比べることは、もっと無理です。悩ませないように、単純でわかりやすい選択肢を与えるようにしましょう。

　2歳半では、優柔不断な態度が見られるようになります。最初一方を選ぶのだけれど、次にもう一方のほうがよくなり、それからまた最初の選択に戻るというような……。このことについては後ほどもっと詳しくお話しします。「わかって」選ぶことができるようになるのは3歳くらいですが、そうなると、決められた選択肢とは別の第3のオプションを、自分から提案したりもします。

Column

指図になるのを避けるには？

・濡れる時は長靴を履く、夜寝る時はパジャマを着るというように、自然の流れを導入する

・習慣や動作の流れを作る

・こちらから質問をして、考えさせる

・たとえ小さなことでも決断する立場に置いてみる

・情報を与える

・選択肢を与えれば、子どもは自分で決めて「私はこうしたい」と言っていると感じる

What is going on inside the child's head ?

ちょっと気に入らないと泣き叫ぶ

Hint 弟がおもちゃをとったとか、ママやパパに何かを聞き入れてもらえなかったとか、私たちには大したことではないように見えますが、まだ相対的に考えられない未成熟の脳にとっては大変なことなのです。

たとえば、ごほうびとしてもらえると期待していたアイスクリームのことを考えて、子どもの脳は喜びとごほうびの期待の物質であるドーパミンとエンケファリンを分泌したところ、あなたがそれを与えないと、これらの物質の割合が急激に低下し、人や物を相手に手当たり次第に攻撃的な反応を起こすことがあります。

喜びや攻撃の領域と衝動を抑えるそれぞれの領域との回路がまだ未発達な子どもは、抗議する代わりに、暴れて泣き叫ぶことになるのです。喪失が脳の痛覚中枢を刺激し、オピオイドペプチド［注1］の割合が急激に減ります。子どもはそれによって起こる動揺を怖がらずに乗り越えることを学ばなければなりません。

なだめるよりも、共感を示してあげるほうが効果的！

　本当に辛かったのですし、脳はストレスを受けているのですから、泣く権利があるんです！　泣くことで緊張も解けます。

　激しい波が通り過ぎれば、ほかのものに注意を向けさせることができるようになります。感情が溢れるほど興奮しすぎている時は、気持ちを和らげるオキシトシンとオピオイドペプチドで満たされるよう、しっかりと抱いてあげましょう。

注1　オピオイドペプチドは、ニューロンの細胞体の中で合成され、内因性モルヒネまたはエンドルフィンと呼ばれる。このペプチドには主に鎮痛作用がある。

What is going on inside the child's head ?

イライラするほど しつこく聞く

Hint　1歳半から2歳にかけては、頭の中で、誰かがいないという状況を想起できるようになり始めます。自分の頭の中で見ているものをママやパパなどの大人と共有し、建設中の内面世界を一緒に探検したいと思っているのですが、まだそれを言い表す言葉を持っていません。

　子どもの質問は、必ずしも何かを尋ねているわけではないので、私たちは慌てて答えないほうがいいのです。

What is going on inside the child's head ?

いたずらをする

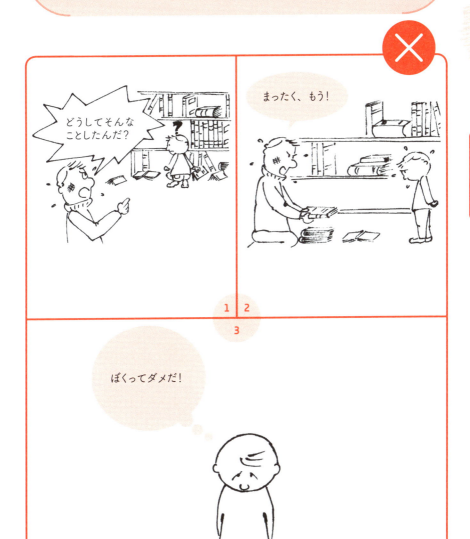

Hint 子どもは運動協調性（手、足など別々に動く機能をまとめて1つにして動かす運動）を発揮したいだけなのです。運動は子どもを夢中にします。まだ「やりたい」という衝動を自分1人では抑えることができません。全身全霊で「今こうしたいと思うこと」に生きているのですから。その上、まだ頭の中に確固としたイメージを持てないので、あなたが介入するまで、自分の行為の結果がどんなことになるのかをわかっていません。

子どもが恥じている様子を見せるので、まずいことをしてしまったことがわかっているのだろうと信じたいところですが、実際は2歳では、前の晩に同じことをして叱られていたとしても、今日になってまたしてしまった時にしか、そのことを思い出せません。

その都度言われなくても、悪いことをしたと感じるようになるのは、4歳ぐらいからです。 言い換えれば、その年齢になると、不満げな親のイメージを自分の中に取り込んで、自分のしたことと、親の不満を結びつけて考えられるようになるのです。

とんでもないいたずらを発見した時、ママやパパがまず目の前に見えていることを口に出していうのは、自分の激昂をしずめるのによい方法です。

それは「自分は今この子に何を教えたいのだろうか」をはっきりさせ、適切な選択をするための時間です。

子どもは本を取り出したくて取り出したのではなくて、自分の運動能力を使ってみたかっただけなのです。叱るよりむしろ本を戻すように頼めば、まったく同じように力を発揮できるチャンスと思って喜んで片づけてくれるでしょう。

4歳以下の子どもは、とんでもないことをしでかさないように、1人で放っておかないようにしましょう。その年齢の子どもの脳は、まだしてよいことと悪いこととの区別をつけられないし、やりたいと思う衝動を抑えることもできません。それなのに周りには誘惑がいっぱいあるのですから。

What is going on inside the child's head?

たたく、噛みつく、髪の毛を引っぱる

children's voice

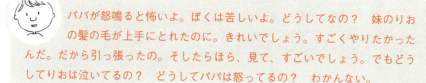

パパが怒鳴ると怖いよ。ぼくは苦しいよ。どうしてなの？ 妹のりおの髪の毛が上手にとれたのに。きれいでしょう。すごくやりたかったんだ。だから引っ張ったの。そしたらほら、見て、すごいでしょう。でもどうしてりおは泣いてるの？ どうしてパパは怒ってるの？ わかんない。

Hint 1．幼い子は、こうしたことをなんでも、おもちゃでするのと同じように、試してみます。痛めつけようという気はなく、自分のしたことと相手が痛がっていることとの関連を理解していません。

2．叫び声を上げさせる自分の力を試しているのであって、相手に対して必ずしも腹を立ててはいません。

3．2歳くらいの子どもは、自分にとって邪魔だと思う相手を押したり、叩いたり、噛んだりしますが、それもイジワルではなく、邪魔なものをどけようとしているだけなのです。

4．けれど、本当の暴力で、「力に訴えよう」としている場合もあります。まだ言葉で表せないので、わかってもらえないと感じたときは、体が動いてしまうことがあって、何かをやろうとしてやっているのではなく「もういやだ！ぼくはここにいるんだ！　居場所がほしい！」という表現を、体が引き受けているのです。

5．幼い子どもは自分の意志で中断したり、手を放したりすることができません。ストレスを受けた状態では、とっさには「やめる」という制御がきかないので、やめなさい、と叫んでも無駄です。妹の髪の毛をつかんで放さなければ、手を添えて、拳を開くのを手伝ってあげてください。

　これも人の話を聞いたり、共感したりする社会的能力を教えるチャンスです。

第3章　イヤイヤ期　1歳半から2歳

話を聞いてあげよう

第 **4** 章

秩序

2歳から2歳半

幼い子どもは、世界を自分に取り込もうと必死です。そのため数カ月の子どもでも、ものがあるべき場所になければいけないと感じます。
医師で高名な教育学者でもあったマリア・モンテッソーリが書いていますが、秩序を気にする時期は生後半年ごろから始まります。まだ幼なすぎて、そのことを行動や言葉で伝えることはできませんから、赤ちゃんは自分でできるただ1つの表現、泣くことを使います。気まぐれで泣くのと混同されて、秩序の要求はよく見過ごされてしまいます。
1歳6カ月になると、置物の位置を直すことがあります。2歳では、子どもは頭の中でイメージできるようになり、さらにはっきりと外の世界は頭の内の世界と似ていなければならないと感じます。そうでないと混乱してしまうのです。
ものも人もあるべき場所にあって、すべてが秩序通りでなければならないのです。

What is going on inside the child's head ?

子どもは頭の中で整理している

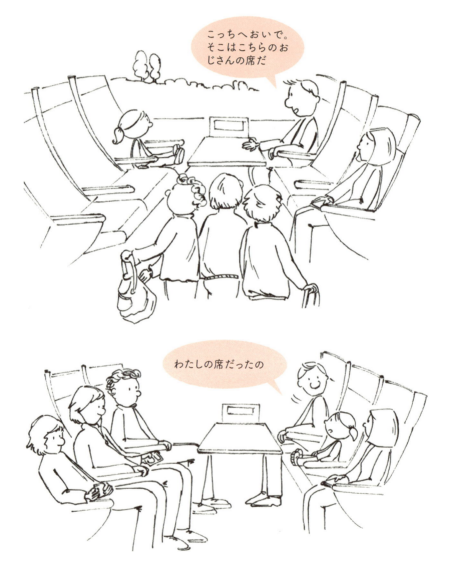

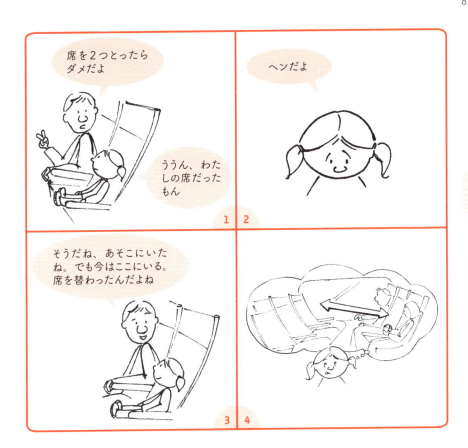

> **Hint** 子どもたちは「プロセス」を、親のほうは「内容」を考えます。
> 子どもたちはものごとの経過を自分の中で納得しようとします。

イラストの女の子は、わかっている状況を自分の中で整理して組み立てようと、頭の中で自分の姿を思い出しています。「さっきはあそこにいたけれど、今はいない」と言っているのです。

けれど、親のほうは子どもの言うことを、要求、さらには気難しい欲求、として受け止める傾向があります。内容だけに集中するため、女の子が元の席に座りたいと言っているのだと思って、言うことを聞かせようと、あくまで自分の現実を言い表そうとしている子どもを前に、怒ることになってしまうのです。

私たち親がプロセスに注意を払うようにすれば、子どもの脳が空間の感覚を身につけるための助けになるでしょう。

What is going on inside the child's head ?

何事にも順序と場所がある

Hint ２歳の子どもは、まだ上手に「靴下より先にズボンを履きたい」と言うことができないので、本人が思っている順序以外で服を着せようとすると泣き叫びます。

そんな時は、自分で決めている儀式の手順が乱されたので、脳の中が苦悩のホルモンで洪水状態になっています。脳は頭の中のイメージを整理しようと一生懸命です。自分の存在の目印として、子どもは決まりを作り上げますが、それはほとんど魔法のようなものです。「はちみつ、バター、ジャム！」と決めたら、ジャムを１さじ塗る前に勝手にバターをつけて、最後にはちみつなどはもってのほか。外の世界は順序通りその子の内面の世界に従わなければならないのです。

親の目には不思議な要求に映るので、このような決まりは気まぐれだと扱われ

ることが多いのですが、それは、ごく幼い子どもたちの脳から見て、私たちの世界がどんなに複雑なものなのかを考えてもみていないからです。子どもは自分の知覚と頭の中のイメージにつながりを持たせることが必要なのです。

お決まりの儀式は、不安をしずめる役割もします。とはいえ、もしその決まりがずっと続くとか、日常生活に支障をきたすほどである場合には、医師に相談するのがよいかもしれません。

children's voice

ママがぼくにズボンより先に靴下を履かせようとすると、イライラしちゃう。それなのに無理にするから、ぼくは叫んで暴れるんだ。ママは大事だってことがわかんないの？　ズボンが先だよ！　ズボンを履いてから靴下なら、いいの！

決まった順序を習慣に取り入れてあげることで、ママやパパにとっての多くの面倒なことを避けることができます。

2歳の子どもにとって、決まったことをすることは非常に大事なことなので、それをちょっと口に出すだけでも、喜んで思い出してやってくれます。

たとえば、眠らない子がいたら、効果のない「さあ、寝なさい！」の代わりに、「はい、おふとんかけて、静かに息をしようね。くまちゃんを抱っこ、あくびー、次は枕にお鼻をくちゅくちゅ。さあお目々をつむって、ママのキス……おやすみ！」というのはどうでしょうか？

What is going on inside the child's head ?

帰る時間になっても公園を離れようとしない

　　　Hint　「帰る」は子どもにとって何の意味もありません。
　　　2歳半になるまでは、「今、ここ」を生きているので、先のことは考えられないのです。

　自分の家と帰り道をイメージして、そこへ向かって帰ろうと決めることは、すぐにはできません。

　「もうすぐ」「もっとあと」「今日の午後」「あした」。これらの言葉の意味はまだ彼らの理解を超えたところにあります。

その代わり、回数を数えるのは大好きですから、うまく２回を数えられると誇らしい気持ちになるでしょう。

　子どもを主役の立場に置いてあげれば、びっくりするほどスムーズに事が進みます。それから別の遊びをしながら、入り口のところまで。

　どっちが先に行けるかな？　そんな場面でも、お決まりの儀式が役に立ちます。

　家に帰るときの決まりごとがあれば、公園から家への移動が楽になるでしょう。滑り台を３回、アヒルの乗り物を１周、アヒルにバイバイしたら、並木道のベンチの上に立って、それから門のところまで競争……、というふうに！

What is going on inside the child's head?

怒りなどの感情を受け入れる

子どもの気持ちを言い表してあげれば、子どもが現に感じていることを私たちが無視していないことが伝わります。子どもは自分が理解されていると感じ、そのことによって自分でも自分の気持ちを理解します。そうやって自分についての意識や状況を教えると、たとえば、テレビによる一種の催眠状態から抜け出す助けになります。

children's voice

ぼくが感じていることをママが言葉で言ってくれると、ぼくのためになるし、嬉しいよ。気持ちをほかのことに向けられるようになるんだ。

とはいえ、テレビに対しては、お決まりの儀式があっても効き目がない時があります。体に触りながら声をかける必要があるくらい、テレビには催眠作用があるのです。

催眠状態から抜け出させ、視力を守るためには、途中でまばたきをさせるとか、時どき画面から目を離して遠く(たとえば窓の外)を見させるようにすると効果があります。

Hint 子どもたちが好きなテレビ番組を自分から消すなんて期待してはいけません。内容ばかりでなくテレビの構造から考えても難しいのです。光、音、画像のリズム、すべてが幼い子どもを魅惑し、画面に釘付けにするように考えられているのですから。ディスプレイ上で明滅する走査線だけでも子どもの目と脳を夢中にさせる上に、魅力的な画面とかなりの光度が加わると、その魅惑から身を引き離すのは本当に難しくなります。

テレビを見ると脳にα波が出て、子どもはリラックスします。何もしなくてもいい気分なので、それがずっと続いてほしいと願い、見る喜びを感じ、脳は鎮静効果のあるオピオイドペプチドを分泌します。

あなたがテレビを消すと、オピオイドペプチドの値が急激に落ちて、苦痛中枢が作動します。そのため泣き叫ぶことになるのです。

What is going on inside the child's head ?

新しい状況を怖がる

新しい環境や、子どもの脳のキャパシティを超えるような複雑な状況になると、怖がることがありませんか？ **そんな時は、安心するきっかけになるものを作ってあげましょう。** ママが一緒にいることや、お気に入りのぬいぐるみなどの慣れ親しんだものも助けてくれます。「ほら、お話を読んでくださっている先生がいて、そのそばにお友だちがいるでしょ。おもちゃもあるわよ。先におもちゃのほうへ行ってみる？」

　何かするように促すより先に、その場の状況を声に出して描写し、説明してあげましょう。子どもに代わって何かをしたり、過度に誘導したりして子どもをかばいすぎることは、子どもをもののように扱うことになり、それでは余計怖がってしまいます。子どもは主体的でありたいと思っていますから、自分から遊んでやっていると感じると不安や恐れは小さくなります。

　もっと安心感を得られるように、まずその場の空間、もの、周囲の様子に触れさせ、少し慣れて落ち着いたところで、そこにいるほかの子どもたちや大人に向かうように、助けてあげましょう。

What is going on inside the child's head ?

眠りたがらない

眠くないのに、無理やり寝かせようとしてもうまくいきませんが、子どもが疲れているのに起こしておくのもよいことではありません。眠りのリズムを尊重することは、寝る時間を自分で勝手に決めさせることとは違います。疲れた様子を見せたら、すぐに就寝の儀式を始めましょう。

第4章　秩序　2歳から2歳半

　この年齢では、いきなり「さあ、寝なさい！」と言うよりタイミングを見計らっていつもの儀式（パジャマに着替える、歯を磨く、お話を読むなど）を始めようか、と持ちかけるほうが効果的です。その部分を省略してしまうと、子どもは心の用意ができていないので抵抗するおそれがあります。

Hint　脳内で重要な再編成が行われるこの年齢では、眠ることによってママと別れなければならないことへの恐怖がかき立てられることがあります。

　あるいは、睡眠の自然なサイクルがズレていることも考えられます。生理的に眠くなるのが夜の10時、さらには11時になることも珍しくありません。多くの親が、小さい子どもは夜の8時には寝なければと思っていますが、実際、子どもには体内時計を操ることはできません。

What is going on inside the child's head ?

呼んでも聞こえない

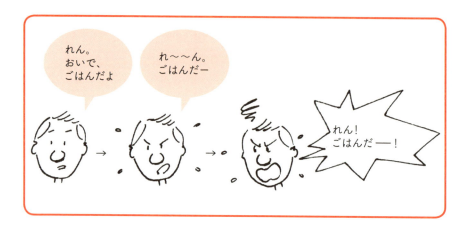

Hint 子どもにとって言葉で言われたことに従うのは、意外に難しいことなのです。それは次のような仕組みになっています。

1. まず指示を聞く。

　ところが、子どもは「今ここ」に生きていて、自分のやっていることに完全に没頭しています。大人は余暇として遊びますが、子どもにとって遊びは学びの源泉であり、神経網を作り上げるための重要な活動です。

2. 実行までの間、それを記憶する。

3．言葉と動作を結びつける。

　女の子では、言語を扱う部分が早く発達し、運動野との間に連携を結んでいます。そのため女の子のほうが、言葉での指示に素早く反応します。

　反対に、男の子の脳は、耳にした言葉の処理と、行動への意思の発動とのすばやいつながりが、まだ十分にできていません。

　幼い男の子は体に触ってあげると反応します。

　男性では大人になっても、言語中枢と体を活動させることの間の回路が実際に作動するまで、少し時間がかかるようです。

　ぜひご主人やパートナーに試してみてください。

第4章　秩序　2歳から2歳半

ごはんだよ

What is going on inside the child's head?

食べるのを拒む、食べ物で遊ぶ

「このくらい食べなければいけないのでは？」と子どもが食べるべき量を決めつけないようにしましょう。ストレスをなくすためには、パパやママが体重計に乗ってみることをお勧めします。いかがでしたか？　あなたのお皿の中身を、その体重に照らして、同じ体重と分量の関係をお子さんの皿にも当てはめれば、たぶんあなたの4分の1くらいでいいことがおわかりでしょ

children's voice

食べたくないんじゃないの、お腹は空いているもの。だけど自分でスプーンを持ちたい！　それに不公平だよ。わたしもテーブルでみんなと一緒に食べたいのに。ママがスプーンで食べさせてくれるんじゃいや、赤ちゃんの椅子じゃいや！

わたしを叱らないで。ママがくれるものが、遊ぶものか、食べるものかわからないの。お腹が空いていないときには、遊ぶものをくれたんだな、と思うの。

う。

特に重大なストレスなどがない限り、子どもは自分の体が必要とするものを食べるはずです。

それでも何も食べたがりませんか？ そうなると、食べ物そのものとは関係がないかもしれません。ここでもまたプロセス（やり方）のほうが中身（食べ物）より重要かもしれません。

子どもが拒否しているのはお皿の中身でなく、提供のされ方なのでは……。

Hint 2歳で子どもが必要とする食べ物の量は、それまでより少なくなります。子どもの胃は大人のものとは違います。

フランスの児童精神分析の創始者であるフランソワーズ・ドルトは、2歳の子どもに、2時間ごとに食べさせることを推奨しています（注1）。

それぞれの食物（野菜、タンパク質、でんぷん質の豆類や野菜……）の量は毎食ではなく、1週間単位で見積もればいいでしょう。

注1　もちろんポテトチップス、糖菓、ソーダなどではなく、新鮮な果物、ドライフルーツなど、繊維質やビタミンを含むもの。

What is going on inside the child's head ?

下品な言葉を使う

Hint これは頭の中に記録していた言葉を、まねて口にするようになったということです。脳は、外部から取り込んだことを徐々に調整し、つながりを持たせようとしています。子どもは見たり、聞いたりしたことで、頭の中に仕草や言葉のイメージを作り、もっとあとになってそれを再現してみるようになります。親だけでなくほかの大人や子どもの態度などを自分のものとして蓄えますが、必ずしもよいものばかりではありません。実際、奇妙なものや感情的に際立ったもの、怖かったものや面白かったものを真似る傾向にあります。

Hint 下品な言葉だからといって、過剰な反応をするとかえって「強化」されることになります。強化とは、刺激と反応の結びつきを強め、その行動をもっと頻繁にさせるようにすることです。

自分の態度が派手な反応を引き起こすのを見て、子どもは同じことを繰り返しますから、ある意味、繰り返すことを条件づけているようなものです。なので、幼い頃から、やめてほしい行動を強化しないように注意しましょう。

children's voice

ぼくが言った言葉にママがびっくりすると、ぼくはそれをもう一度言ってみる。特に変な目でぼくを見る時は、ちょっと心配にもなるから、また言う。確かめようと思って。それに、僕がこの間「ぽことちん（ぬいぐるみの名前）」を探してたら、おばあちゃんが下品な言葉って言ったけど、なんのことかな？　そしてぼくをにらんだんだよ。だから、おばあちゃんが来るたびに「ぽことちん」って言ってみる。そうするとおばあちゃんは怒っちゃう。

感情を表す適切な言葉を教え、「クソッ」などは下品な言葉として、ところ構わず口にしないことを教えましょう。

「今朝バッグがひっくり返った時、ママが言ったのを聞いてたのね。イライラすると出ちゃう言葉なの。あなたも木が倒れたんでイライラしたんでしょ。でもこれは怒った時の言葉で、下品な言葉よ。これを聞くと怖がる人もいるの。"もう！"って言うほうがいいわ。イライラしたときは、"もう！"て言うようにしましょうね」

たとえば、子どもが遊んで体験している感情を「うまく木を立てておけなくてイライラしているのね」と言い直してあげれば、子どもは自分自身の感情を理解し、そうした感情をどんな言葉表せばいいかを学ぶことになります。

注意してほしいのは、「クソ！」だけなら適切な言葉に直せばいいとしても、そのほか侮辱的な発言や罵詈雑言、人をののしることそのものは受け入れられないということです。そうした言葉は人を傷つけますし、暴力は言葉から始まるものだからです。屈辱感や恐怖が暴力を増幅させることを考えると、そうした感情をかき立てないようにしましょう。侮辱的な言葉を口にしたら、「ストップ」と言いましょう。まだこの段階では自分の感情を口に出しただけで、人を傷つける意識はありません。

第 **5** 章

わたし、ぼく！
1人でやる！

2歳半から3歳

もう赤ちゃんではないけれど、ママやパパが代わりにやらないでいるのはとても難しいことで、ついつい無意識に手が動いてしまいます。ママ・パパはもうどうしても必要な存在ではなくなって、これから子どもは1人でなんでもできるようになっていくのです。これは誰もが通らなければならない大変な時期です。この年齢の子どもは、ある日は自立していて自信があり、そればかりか有無を言わせない態度を見せたかと思うと、翌日はママに張りついて離れなかったり。特に緊張するような場面では、たった数メートル離れただけで泣き出すこともあります。甘えたり、怒ったり、おびえたり。抑制ができるようになるのはまだ先です。脳の衝動分野と行動の抑制の分野をつなぐ衝動抑制回路がまだ十分に作動していないので、衝動的に行動するのを抑えられません。

What is going on inside the child's head ?

1人でー！

 Hint 　1人でやるの！　イヤイヤ期のあと、2歳半頃、「1人でやりたい」時期が来ます。子どもは自分でできることを実際に試したがります。1人で服を着たり、1人で食べたりしたいのです。

　時間がないとか、面倒だからとか、あるいはまだ無理だと思って、子どもに代わってしてあげていると、子どもが新しい運動能力を使ってみる可能性と、成功する喜びを取り上げることになります。それに対して子どもは反抗します。

children's voice

わたしは自分でできる。ママがなんでも、しちゃうのはいや！わたしだって卵をコンコンして割りたいの。できるもん。もう赤ちゃんじゃない。

子どもは身の周りのさまざまな種類のことを自分で成し遂げることができるようになります。

　お菓子作りではビスケットの型を運んだり、食洗機から食器を出したり、車のドアを開けたり、シートベルトをさしたり……。

　保育園の先生たちは、子どもたちが1人でコートを着られるようになるメソッドを開発したりしています。

　3歳になったら、親子でぜひ物事をどんなふうにするのかルールについて話し合ってみてください。

「あなたは何をしたいの？」

「ママに何をしてほしいの？」

「卵の殻をむくのは、ママかな、それともあなたが1人でする？」

第5章　わたし、ぼく！　1人でやる！

2歳半から3歳

What is going on inside the child's head ?

ほしい！

もし、あなたの旦那さんがこう言ったらどうします？

わー、かっこいい車、ぼくもあんなのがほしいな！

こう答えますか？

なに言ってるのよ、もう1台持ってるじゃない。それに第一そんなお金ないわ！

それとも……

いいわね！　そしたら週末には海へ行こう！

Hint　ママやパパは「ほしい」という言葉を、要求だと解釈しますが、自分自身が「……ほしい？」と何回も言って、この言葉を教えたのを忘れています。

実際は、子どもはイメージで考える自分の能力を試しながら、それを楽しんでいるのです。連想視覚領域が脳の中で発達して、その活性化によって幸福感をもたらす内因性オピオイドペプチドが分泌されます。

そして、「ほしい」としつこく言い続けたとしても、それは必ずしも今すぐほしいのではなく、あるいは本当にはそのものをほしがっていないことさえあります。子どもはまだ「……したら」といった仮定を表す条件法の使い方をマスターしていないだけでなく、「ほしい」という語をほかの概念「考える、思う、想像する、頭の中で見る」など、まだうまく言葉にできないことの代用として使う場合があるからです。

「……がほしい、……のことを考えている、あれは……だね、……だと思う、……が好き、……が気に入った、……でいいよ」などを混同しています。

ですから、パンがほしい、と言う時、もちろん本当にほしい場合もありますが、パンのことを考えている、これはパンだね、昨日パンを食べたよ、明日パンを食べるよ、ママはぼくにパンをくれるよ、などの意味かもしれません。

children's voice

なーんだ。ぼくにだってほしがる権利があるのに！

たいていの場合、子どもは自分の言いたいことを認めてもらいたいだけです。何がほしいかを言うのは、自分とほかの人との違いを明確にすることにもなります。大人も「私は紅茶」「私はコーヒー」のように、自分の希望と自分とを結びつけていうことがありますよね。同じように、子どもたちがこうしたいとかこれはイヤだと言うのは、彼らのアイデンティティを作るのに役立っています。**子どもは、「したい」と望むことと、「する」意思があることとの区別をつけられません。それを助けてあげられるのはママやパパです。**

たとえば、「弟の頭にシリアルをぶちまけたい、と思うのはいいけれど、本当にしてはいけない」というようなことがわかるよう、はっきりした指示を忘れないようにしましょう。「シリアルはお皿の中に入れるんだよ」と。

一緒に想像する喜びは、子どもを満足させます。明らかに、アイスクリーム（内容）よりプロセス（想像すること）のほうに興味を持っているからです。ただ、頭の中のイメージが、いくら想像であっても生理的な反応を引き起こします。大人でも、アイスクリームを口元に持って行くことを考えると、すぐに唾液が出るのですから、同じように、子どももアイスクリームを思い浮かべれば、口の中では舌がアイスを食べる準備をしますから、唾液が分泌され、アイスクリームを食べたくなります。

Column

確認のための小テスト

袋の中にいろいろな色のあめを入れておきます。ママやパパは自分の意向を言ってみます。「赤いのを取ろうかな？」。すると、子どもはこう言うでしょう。「赤がほしい」。これからしようということを「ほしい」と言うでしょう。「ほしい」という言葉が「そこにあるよ」とか「それが赤だよ」という意味のこともあります。2歳になると、「する」「ほしい」「しなきゃ」などと言うことはできますが、それらは子どもにとっては同義語で、今起ころうとしている直近の未来を表す言葉なのです。

想像するだけでも楽しめる

What is going on inside the child's head?

何がほしいか
自分でわからない

Hint 子どもは頭の中に両方のイメージを持っています。この頃になって初めて、選ばなかったほうの選択肢を記憶することができるようになるのです。自分がハートのパンを選んだあともクロワッサンが存在することがわかっていて、頭の中でクロワッサンのイメージを見ています。だから、それがほしい！　そうでないと、イメージと現実が適合しないので、頭の中が混乱してしまうのです。

children's voice

パパに教えてほしいんだ、頭をどうやって使うのか。パパが選んでくれるんじゃなくて、自分で選びたいけれど、手伝ってもらわないとできない。いつも自分で選ばなきゃならないとか、決めたんだね、って言われると心配になっちゃうんだ。ぼくはまだ小さいから、選べないよ。

　確かにパパやママが言う通り、子どもは決してこれでいいということがありません。自分で選んでおきながら、選ばなかったほうもほしがります。ハートのパンを選んでいても、クロワッサンがほしかったと言って泣くかもしれません。

　けれど、これは性格に問題があるのではなく、子どもにとっても、パパやママにとっても、通らなければならない難しい道です。深呼吸して！　子どもはいったん選んでも必ず考え直すことを理解しておきましょう。それが子どもの脳の自然な働きだからです。

第 **6** 章

一緒に！

3歳

　この時期には、言語中枢と前頭葉においてシナプス（ニューロンの連結）が盛んに形成され、自我の感覚が発達します。
　自分を「わたし」という形で言い表すことができるようになり、自分が感じていることを話せるようになります。「わたし」がわかると、次は「わたしたち」です。何かを一緒にしたり、真似をしたり、3歳児は誰かに合わせて行動することを喜びます。けれど、いつもというわけではありません。

What is going on inside the child's head?

「したくない！」

急ぎなさい！幼稚園へ行く時間よ！

1

やだ、きがえない！

2

どうすれば力ずくにならずに済むかしら？

3

ここは好きにさせていいかな？たぶん大丈夫。そのまま幼稚園へ行ったとしても大騒ぎするほどのことじゃないし、パジャマでも風邪はひかないでしょう。そうしたいんならいいわ

4

　ママの期待に応えなくてもいいことになると、プレッシャーがなくなって、抵抗しなくなります。

　注意したいのは、親のほうが譲るのは、子どもを降参させるための策略ではないことです。実際、好きにさせていいことは、意外に多いもの。

　その代わり、絶対に譲れない場合というのもかなりあります。それは、子どもが社会の一員となっていくために必要なこと、健康や命に関わることなどです。ですからこれをいつでも使えるテクニックと考えることはできません。自由放任とも違います。

　このように譲歩することが効果的なのは、子どもが気に入らないのは内容ではなくて、プロセスであることが多いからです。

　たとえば、本当にズボンを履きたくないのではなく、「履きなさい」と言われたから、あるいは靴下を先に履きたかったからかもしれません。

　どうして子どもって、こんなに思いがけない理由をいろいろ思いつくんでしょうね。

What is going on inside the child's head ?

ルールを知っているのに守らない

Hint 3歳児は簡単な約束事は理解できるし、復唱することもできますが、その言葉通りに振るまえるかどうかは、また別。

待合室で、ママやパパにお約束を復唱してみせた脳の領域と、実際にそれをしないように制御する領域とは、まだしっかり連結されていません。

子どもはお医者さんと言葉を交わすのはまだ無理なので、手で触って、さらに言えば舐めてみてその場を確かめることもあります。

やらせてあげてください、お母さん。手で触って調べているのね。まだものを見てわかったり、頭で考えたりができないんですよ。ここは、お子さんが触っていいように、手の届きそうなところには危険なものはありませんから大丈夫ですよ

第 **7** 章

想像の世界が
生まれる

（すばらしいもの怖いもの）

3歳半から4歳

明かりがものに当たって影ができると、子どもには悪者やドラゴンが、カーテンやベッドの布団のひだのところに隠れているように見えます。その怪物たちが夜中、夢に出てくることもあります。

What is going on inside the child's head ?

怖い夢を見る

　夢では子どもの感情が姿や形をもって現れるようです。
　怪物は子どもが怖がっている暴力を体現したもので、自分が受けたものと加えたものの両方の場合があります。
　日中、階段のところで弟を押したりしませんでしたか？　夜になって、怪物に追いかけられる夢を見るのは、自分が弟に対してイジワルだったと感じているのに、それを受け入れることができないからです。

　そこでその攻撃性を自分の外に投影します。あれをしたのは自分ではなくて、怪物なんだ、と。
　この時期に有益なのは、「人は誰かに対して怒りを感じることがあること」「そのため自分をイジワルだと感じることもあること」「だけど実際はちょっと怒っているだけで、それを口に出してもいいんだよ」と、子どもにいってあげることです。

眠る前にこんなことを提案するのもいいでしょう。
▶ 今日何か困ったことがあったなら、それを話す
▶ 眠る前に今日あったことを絵に描いて、心配事を紙に書く

怖い夢を見るようでしたら、こんなこともお勧めです。
① 怪物を絵に描く（そうやって怪物に勝つ）
② それを怪物にプレゼントをする（もちろん、これもいいですよ）
③ 正義の味方に助けてもらって夢を終わりにする絵を描く

 Hint 子どもの想像力は驚異的に成長しますが、3歳半では頭の中のことが現実と思われて子どもを怖がらせます。

 children's voice
パパ、怪物がぼくを食べちゃうよ。

第7章 想像の世界が生まれる　3歳半から4歳

What is going on inside the child's head?

悪いことをしたのに「わたしじゃない」と言う

そのセーター、どうしたんだい？

うーん、わかんない。

自分の体のいろいろな部分と自分との一体感が持てるよう助けてあげましょう。

「これはあなたの手がしたのよ。手はしていいことと悪いことがわからないの。チョキチョキ切りたくなっちゃったのね。手に気をつけて、紙だけを切るようにしてあげましょうね」。こんなふうに言ってあげてください。

Hint　「わからない」と答えるのは、本当のことです。わざとしたことと、たまたま起こってしまったこととの区別がまだつかないのですから。

4歳前では、自分がやったとバレるまでは、自分のしたことをあまり気にしていません。自分の「やったこと」と「その結果起こしてしまったこと」の関係もまだ結びつけられないので、「まずかったな」ということはママやパパの表情から読み取るだけなのです。

第7章
想像の世界が生まれる
3歳半から4歳

第 **8** 章

ルールと
自分のイメージ

4歳

　もっと小さかった頃はルールを守ることができたかもしれませんが、4歳になると、ルールは単なる決め事に過ぎないことに気づきます。どんなゲームでも、自分のルールを発明します。負けるのがいやなのは明らかですが、こうすることは勝つことが目的ではありません。5歳ごろになると、喜んで正式のルールを守って遊ぶように（そして自分で読めるようになると、一字一句守ろうとするように）なります。
　それまではルールについても、何の役に立つのか、どんなふうに作用するのか、どんなふうに調整されるのか、誰がなぜ決めたのか、などを研究する期間です。選んだルールによってゲームが変わることは子どもをワクワクさせます。そして、自分がルールを決めることで、ゲームを支配しているような気持ちになります。ママやパパをこの暴走で当惑させられるかもしれません。

What is going on inside the child's head ?

ルールについて

　最初、子どもはゲームの途中でルールを変えようとします。ママもその都度子どもが発明したルールの1つずつ取り上げて、「あー、じゃあルールはこうね……」「だったら、私はこうできるのね」などと、子どもがいろいろ試してみるのを補助しましょう。そのうち、子どもはゲーム全体を通してのルールを考え出すでしょう。このルール作りが暗黙のうちに行われないように、ママははっきりさせましょう。「今日はどのルール？　こんな時どうするんだっけ、もう1度やってもいいの？」

　それから、ママやパパのほうは、ゲームの目的が勝ったり負けたりするためではなく、子どもと楽しい時間を過ごし、ルールの役割のような大事なことを教えるためだ、ということを思い出しましょう。大人にとって負けるのは大したことではありませんが、4歳の子どもにとっては、大変な試練となります。

Hint　勝ったと思うと、興奮した脳内でドーパミン（注1）の割合が増えます。がっかりすると脳内の痛みの中枢が活性化します。大人の場合は大脳新皮質が「大したことじゃない」と、それを緩和し分泌を抑制します。

　けれども、子どもの場合は、まだこの相対化のための連合領域をうまく使えません。子どもは、すべてか無かで、負けた＝自分は何についてもいつだって無価値、と感じてしまいます。

　この負けたという事実と自分自身とを区別し、この激しい感情を乗り越えるには、ママやパパの助けが必要です。これはちょっとした出来事ではなく、子どもの脳にとって本当に苦痛なのです。

注1　ドーパミンは神経伝達物質で、喜びの分子とも言われている。

What is going on inside the child's head?

作り話をして自慢する

わたしね。チョウチョをたべたことがあるよ

Hint この頃になると、想像の力を発見します。頭の中で想像と遊べるようになり、現実を自分の欲求に合わせることができるようになります。誰かをだましたり、何かを隠したりするためでなく、この新しいステキな能力を試そうとウソをつきます。自分が感じ取っていることが、現実なのか、夢なのか、それとも作り話、思い出、予測？　子どもはいつもはっきりわかるわけではありません。

　夢に出てくるオバケや鬼も、ベッドの下や戸棚に隠れているオバケや鬼も、「現実」なのです。

　4歳では、自慢するようになります。

「わたしはすごいの。一番強くて、一番速いの。一番かわいいぬいぐるみ持ってるし、プレゼントいっぱいもらうの……」。自信たっぷりで、ほかの人の名前がついているのがわかっていながら、ある絵を指して「これはね、わたしが描いたの」などと平気な顔で言い張ることもあります。一番とかもっと、と言うのは少し覚えたけれど、「もしも……なら」や「……だったらいいな」はまだまだ表現できない、という時期です。

「わたしのほうがチョコレートいっぱい持ってる」は、大人が表現しようとしている意味とは違うのです。

第8章　ルールと自分のイメージ　4歳

内気すぎる

Hint この年齢では、よく騒がしかったりおしゃべりだったりするのですが、他人の目が入った途端に今までの元気がしぼんでしまうことがあります。

だからといって、その子が特別に内気だということはありません。4歳になって、「心の理論（他人の心を類推し理解する心の機能）」の始まりに到達した、つまり他人から自分がどう見られ、どう考えられているかを想像できるようになり始めたのです。

たとえば、アニメでどろぼうが警官に追いかけられている場面を見ている時、警官が見当違いの方向を探すと、子どもは大声で「そっちじゃないよ！」と言うことがありませんか？

本当はどろぼうはあっちに隠れているのに、警官はこっちにいると間違えているという事情が理解できて、楽しめるようになっているからです。

この新しい能力が備わり、「他人の視線」への認識と、社会的な感情が育ち「恥ずかしい」ということに敏感になっているのです。

この年齢では、からかわれることを特別にいやがりますから、あまり困らせないようにしてあげましょう。

このケースのように他人の目にさらされることをためらうのは、知性が発達中である証拠です。だんだん1人でできるようになるので大丈夫！

What is going on inside the child's head?

言わなくていいことを言ってしまう

この年齢の子どもは、まだ頭の中だけで考えることができません。思ったことを全部口に出して言ってしまいます。よく理解しようとしているだけで、人を傷つけるつもりはまったくありません。

children's voice

歳をとっているから……、死ぬんだよね。
どうして、あのおじさんは手が1本しかないのかな？

相手のことを考えて、子どもを叱りつけたい誘惑は強いと思いますが、そうすると失礼さをより強調することになって逆効果です。その人には微笑みかけ、子どもには「歳をとることはどんなことなのかな、って考えていたのね」とか「何かの事故でケガをされたのかもしれないの。おじさんとお話ししてみる？」などと答えてあげましょう。

第 **9** 章

自意識と
社会適応の難しさ

4歳半から5歳

children's voice 幼稚園のこと考えると、心配なの……。ママやパパにずっと会えないんだもの。ほかの子はいつも騒いでうるさいし、先生にはぼーっとしてるって言われちゃうし、給食を無理に食べさせようとする……。それにママはきっとわたしがいなくてさみしいと思う……。ママはおうちで1人ぼっちで何をしているかしら？

What is going on inside the child's head?

朝出かける時間になると、お腹が痛いと言う

1. 認めない

ほら、起きて！ お薬をあげるから、30分で治るわよ

2. 過保護

かわいそうに、寝ていなさい。ママが1日一緒にいてあげる

3. 有無を言わせない

さあ、起きなさい、仮病はダメ。毎朝幼稚園へ行く前にお腹が痛いって言うじゃない

4. 自分で責任を持たせる

特別カードを使う？

「特別カード」というのは、１日あるいは午前中、幼稚園へ行かなくてもいい権利を行使する時の切り札。子どもの年齢によって、年に３回とか１カ月に１回とか親子で決めておいて、それを使う日を子どもに自分で選ばせましょう。

　問題の態度や症状を無視することは、子どもの不安感を強めます。逆に大げさな対応も子どもを不安にし、症状を悪化させかねません。病院にいくレベル（注１）になった場合を除いて、大事なのは原因を見つけることです。

注１　消化器官の疾患のほか、食物アレルギーや食物不耐性、大腸の活動亢進や過敏性腸症候群などの場合も考えられます。

What is going on inside the child's head ?

病院で裸になるのを恥ずかしがる

Hint この年齢の子どもには、裸になるのをいやがる時期があります。知らない人の前で裸になることは、私的な領域への侵入のようなものだからです。もののように扱われるのがいやだと感じるのは、当然ですよね。そのため、服を脱ぐ前に、お医者さんと仲良しになるといいでしょう。

お医者さんと少し言葉を交わせば、自分が主体であると感じることができるので、服を脱いで裸の体を見てもらうのを受け入れることができるでしょう。

What is going on inside the child's head ?

着替えに時間がかかる

Hint 子どもの大半は5歳になると、1人で着替えができるようになりますが、半分以上の子どもには、着替え終わるまで誰かがついていて声をかける必要があります。

特に気が散りやすい子もいて、そのような子どもたちは、サッサと着替えるのが難しいのです。

１人で着替えるのに20分もかかる？　でもほかの子だってそうなんです。毎日というのはちょっと困りますが、よくあることです。

これは脳がまだ十分に発達していないために集中力がないからで、反抗しているのではありません。周りに気が散るようなものがないところでは、もっと速く着替えられるはずです。

ひと悶着起こさないためには、これから着なければならないほうではなく、もう着ているほうを話題にして、ほめてあげるといいと思います。

また、着るものを１つずつ順番に言って励ましてあげるのもいいでしょう。「パンツをはいたら……次はＴシャツ、はい、今度は靴下ね……」というように。

What is going on inside the child's head ?

質問しすぎる

第 **10** 章

制限すること

お尻をたたいたり罰を与えたりしても少しも子どものためにならない、という意見には今もまだ、厳しい反対の声があります。「けじめをつけるべきだ!」と、それが当然のことであるかのように、またお尻をたたいたりすることが、本当にけじめをつけることであるように主張されます。

確かにそれは限界を伝える行為ではありますが、それが親の我慢の限界だとすれば、子どもにとっては大事な脳の働きを制限されてしまうことなのです。私たちは、そんなことを本当に望んでいるのでしょうか?

もちろん、子どもは共同生活の約束事を覚えなければなりませんし、安全のために守らなければならないルールもあります。けれど、あれはダメこれはダメと制限することは、子どもの生きる空間を境界線で取り囲むようなものです。

そんな境界線でなく、自由で好きなことをしていい空間をあげてください。してはいけない、と言われると、子どもは余計にそれをしてしまい、誘惑に勝てません。

What is going on inside the child's head ?

感情を受け入れながら 拒否する

「ダメと言うよりストップと言ったほうがいいこと」「具体的に働きかけること」「何かほかにすべきことを与えること」「簡単な選択をさせること」、あるいは、「子どもと一緒に夢想すること」などについて、これまでお話ししてきました。たとえば、「ダメ、コンセントに触っちゃダメ！」と言うのはかえって危険であること、またあめを指差す子どもに「あめはダメ」と言うのは、しつけになるより、余計に怒らせてしまうことがわかりました。ママやパパは、子どもがほしがってもいないし、聞いてもいないことに対して、ついつい「ダメ」と言ってしまいがち。

反対に、本当にほしがっていて、そしてその背後にもっともな理由がない場合には、拒否することはとても大切なことです。どんな要求もすぐに叶えられてしまうと、子どもは自分を抑える感覚とアイデンティティをなくしてしまうかもしれません。

アイデンティティ、つまり自我は、自分と周囲の限界や、欲求が満たされないという経験の中で形成されるものだからです。

ところが、多くのパパやママは、子どもを悲しませたり、自分への愛を失ったりすることを恐れて、子どもに対してきっぱり拒否することができません。自分自身が、親の拒否や拒絶にあって辛い思いをした、ということもあるかもしれませんが、実際は、子どもが怒るのを心配しているからなのです。

もちろん、**子どもには怒る権利があります。怒りは欲求不満から生じる自然な感情だからです。** そして子どもが自由に怒りを感じたり、表したりできるように、そしてそうすることで欲求不満を受け入れることができるようにするには、親のほうが子どもの怒りに負けないことが大切です。

　親が子どもの怒りを恐れていると、子どもはそれを感じ取って、感情を抑えたり、逆に乱暴になったりしがちです。暴力は怒りから生まれるのではなくて、無力なやり場のない激昂と混ざり合った恐怖から生まれるものなのです。

　1つの方法として「ほんと、ほしいあめがもらえないとがっかりするわね」などと声をかけてあげることで、子どもにほしがってもいいことを伝えることができます。そして、今感じていることを表す言葉を教えてあげましょう。

What is going on inside the child's head ?

してはいけないことではなく、してもいいことを言う

　してはいけないことを伝えるには、していいことを言い、情報を与えるほうが、禁止するより効果があります。 子どもは注意が向けられたほうに向かって行動します。ですから、私たちがイメージを与えると、それが目標になってしまいます。

つまり、していいことを教えれば、子どもの関心を望ましい行動のほうへ集中させることができますが、あれこれをしてはいけないと言うと、子どもの関心はその問題行動のほうに向きます。

　危険な行為を禁止することはかえって危険です。
　というのも、いけないと言われることはしてみようとするからです。反対に、子どもがもう危険だということを知っている時は、繰り返す必要はありませんが、時どき思い出させてあげるようにします。子どもは、まだ注意力が十分ではありませんし、脳は発達するにつれてかなり再編成し直されるので、情報を何度か与える必要があるからです。

第10章　制限すること

What is going on inside the child's head ?

ひと言で十分！

　1度すべきことが伝わっていれば、それを時々思い出させてあげるのには、キーワードをひと言いうだけで十分です。

　そのやり方なら反抗心を呼び起こすことも避けられます。命令ではないため、子どもは自分が自由だと感じますし、1つの単語なら、言語システムの複雑な処理を要求しないので、それに応えてすぐに行動できます。長い話は、幼い子どものキャパシティを超えてしまい、なんのことか理解できません。

悪かったと思わせるより、責任を持たせる

　わざとらしく思われるかもしれませんが、試しにこんなふうに質問してみてください。実は、魔法のような効き目があります。すぐに、子どもは前頭葉を働かせて、状況を観察し、分析して、私たちが思ってもいなかった解決法を見つけることがあります。

children's voice

車のレバーにすごく触りたい。でもそれより、いろんなことがわかって、お利口なほうがもっといい。

● 情報を与える

　何かをしなさいと言うより、情報を与えるようにすれば、子どもの前頭葉が動き始めます。それには、メリットが2つあります。

　1つは、子どもは自分が主人公であると感じられるので、反抗する必要がなくなること、またもう1つは、そのことによって、頭を働かせて自分で決めることができるようになることです。

What is going on inside the child's head ?

描写することで関心を表す

　評価することは、どんなにいいものであっても子どもを緊張させます。
　ほめ言葉が過ぎると、あるいはあまり正確でないと、子どもは不審に思うかもしれません。「上手ね」とか「ステキね」という大まかな評価をしないで、ほめたい気持ちを伝えるにはどうすればいいでしょう？　その鍵は、言葉で描写すること！
　描写するには関心を持って注意深く見なければなりません。あなたの正確なコメントを聞いて、子どもは自分のやったことや作ったものに対して、あなたが関心を持っているのを感じるのです。

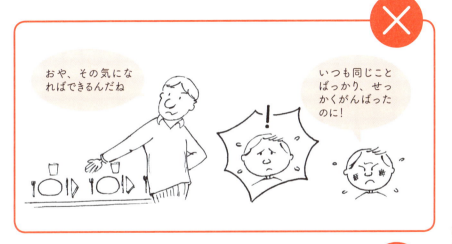

第10章　制限すること

Hint 「上手」と言うと、上手でない可能性もあった、ということを強調することになりますが、子どもは実際に自分のしたことそのものを記憶できません。

記憶に残るのは、上手にできたという誇らしさと、失敗してはいけないという緊張感です。親の評価のせいで、子どもの脳には活動のチャンスがなくなってしまいます。

反対に、子どものサッカーを見たパパが、「君がゆうじくんにパスしたのを見てたよ」と見たことをそのまま話せば、子どもは頭の中でその場面を再現することができます。その喜びがタンパク質の合成を始動させ、この行動に関わった神経を覆うミエリン鞘（注1）を強化し、すばらしいパスをしたときのことを思い出し上手にすることをイメージさせるため、またできるようになります。パパはこうすることで、子どもが成功体験を記憶して、また繰り返すのを手助けすることになるのです。

注1　ミエリンは神経線維を保護している脂肪物質。神経インパルス（神経細胞が刺激を受けたとき、興奮して出る活動電位）の伝播を波及させる

What is going on inside the child's head ?

失敗やいたずら

children's voice

ぼくはコップを持っていたんだ。そしたらガチャンって音がした。床にガラスが飛び散ってるのが見えるけど、ぼくのコップはどこへ行っちゃったんだろう？

Hint 幼い子どもには、因果関係、つまり自分のしたことと起こったこととの関係がそれほどはっきりしていないので、目の前にある壊れたコップのかけらと、さっきまで自分が手に持っていたコップのつながりもよくわかりません。ですから、失敗を指摘してことを荒立ててもあまり意味がありません。

子どもの失敗やいたずらに対して、私たち親は時々おかしな態度をとってしまいます。たとえば、「いやになるわ、ほかにもいっぱいすることがあるのに……」などとブツブツ文句を言いながらその後片づけをするようなことがありますが、これでは、子どもが自分のしたことの結果と向き合うことができません。**さっさと片づけておいて叱るより、何が起こったのか、どうすればいいのかを一緒に考えさせるようにしましょう。**

第10章 制限すること

罰を与える

Hint もし罰を与えることで人間が良くなるなら、もうとっくの昔に犯罪者などいなくなっているはずです。

それなのに、どうして相変わらずそんな幻想を抱くでしょう。確かにしばらくの間は、一定の効果が見られます。けれど、子どものためになるわけではなく、罰した人のほうが、そうやってとりあえずその場をおさめたと感じて"ホッ"とできるという効果があるだけ。それを除けば、罰がこれほど用いられる理由がわかりません。罰を与えることには悪い点がたくさんあります。

罰は対症療法であって、問題の原因には向かい合っていません。

問題は解決されないので、ほかのとっぴな行動となって現れたり、エスカレートしたりする危険があります。

罰を与えられることで、子どもは自分の行為の当然の結果に向き合わずに済ませてしまうことになります。

したことと罰との間に関連性がない時、子どもはその行為が不適切である理由について、何も学びません。

子どもは、悪いことをしてしまったな、と思う健全な気持ちを持つ代わりに、罰した親に対する、不満、怒り、恐怖といったネガティブな感情を持ってしまいます。

子どもは恥ずかしい思いもするので、自分は悪い人間なのだと感じてしまいます。そのため、してしまったことを意識できるような、健全な罪悪感を持つことができなくなってしまいます。

罰を与えることによって起こる感情が、ストレスの回路を刺激するため、子どもは自分のしたことをよく考えてみることなどはしません。記憶は働きますが、思い出すのはストレスと親に対する恐怖で、どうしてそんな罰を受けることになったのかについてではありません。罰することは悪いことをすると警察官などに捕まるということはわかりますが、責任と自制については何も教えてくれないのです。

罰によって生まれた恐怖と恥の思いせいで、より高度な脳の機能が妨げられ、ひいては知的活動、情緒や社会集団へ適合する能力などにも影響を及ぼすことになります。

一方で子どもが「どうだっていいや」と、不快な感情から身を守るようになること、また一時的な効果しかないことから、罰は徐々に厳しいものになっていくでしょう。罰することで権威を示しているのではなく、権威がないから罰するのです。本来なら、ママやパパには、子どもに信頼される自然の威厳があります。これさえ認められていれば、権威を振りかざす必要などまったくありません。

親が子どもを罰するのは、力が足りなくて、どうすればいいのかわからないから。

　子どもはそれを感じ取って、親への信頼を失いますが、そのことで子どもは不安になり、この不安感によって、もっととっぴな行動をとることになります。

どなる

children's voice

パパが怒鳴ると、ぼくは怖い。体中が冷たくなって、震えちゃう。そのあともずっと震え続ける、それが一生続くことってあるんだ。

Hint　何世紀もの間、子どもを恐怖によって従わせるということが行われてきました。

現代では、幼少期に恐怖によって脳が警戒反応を繰り返すと、のちになって不安障害（極度の不安を主症状とする精神障害）を引き起こしかねない、ということが知られています。

怖さを知る機会は、ほかにたくさんありますから、わざわざ与える必要なんてありません。

● マイナスの評価、批判、レッテル

Hint 「ぶきっちょ」だとか、「怒りっぽい」「恥ずかしがり屋」「気難しい」「うるさい」などど、子どもにマイナスの評価を下すことは、子どもの体の中に、ストレス反応を引き起こします。

似たようなシチュエーションで、子どもの大脳扁桃核は同じ神経回路の活性化を開始します。そして、「無能」とか「不器用」といった評価が脳の中で命令のように示され、子どもの能力を妨げるようになります。**幼い時に侮蔑的な言葉で非難され続けると、その定義に従って、一生涯それに合わせて行動するようになります。**反対によい評価はよい結果につながります（注1）。

注1　アメリカの教育心理学者ローゼンタールによる最初の実験では、学生の期待が実験室のラットの能力に影響したことがわかった（優秀なラットと言って実験用のラットを渡された学生たちは、期待をかけて大事に扱ったため実験成績が良かった）。その後のローゼンタールとジャコブソンによる別の実験では、教師の期待が、それぞれ独立に測定された生徒の学業成績にもIQにも影響したことがわかった。

体罰

Hint たたく、小突く、ほほを平手で打つ、お尻をたたく、耳を引っ張る、肩や背中を押す……などは、親にとっては胸がスッとすることかもしれません。緊張から解放され、何かを成し遂げたような感覚、したがって自分が無力ではない、と感じられるからです。

けれども、こんなことが起こります。

▶ 体罰は、子どもに、たたくことが問題解決の方法だと教えることになります。しかも親が推奨する方法だと！

▶ それによって問題行動がやめさせられたとしても、一時的な効果しかないため、この方法を続けると、必ず暴力はエスカレートします。

▶ 子どもは自分を守るため、こうした暴力に対して、かなりの免疫を持つようになります。そして、この感覚の麻痺はのちにトラブルの原因となりがちです。**危険を避けることを学んでいないため特に自動車事故の危険が増大するという研究結果も報告されています。**

▶ 体罰は感情の自然な発達を抑えてしまいます。

▶ 子どもは侮辱され、恥ずかしく思い、自分を非常に無力に感じ、何もかも自分のせいで、自分を悪い人間だと思うようになります。そのことは、自分自身や自分の能力に対する信頼を台無しにしてしまいます。子どもは、放ったらかしにされ、邪魔者にされ、捨てられたと感じ、自分を無価値だと感じるのです。

▶ 体罰を受け続けた子どもは、自分の中に恐怖と激しい怒りを溜め込みま

すが、それはあとになって他者、たとえば学校の友達や、特に自身の子どものような、自分が影響力を持つようになる人々に対する暴力となって現れる危険があります。あるいは、それを自分自身に向けることで、心や体の病気に苦しめられたり、何度も失敗を繰り返すようになる危険もあります。

▶ **大人になってからも、恐怖はあらゆる瞬間によみがえるでしょう。**自信がないために、物事に疑問を呈するのではなく自分を合わせようとし、あらゆる権威に服従するか、逆に力ずくで他者に対して力を持とうとすることが考えられます。なぜなら、体罰を受ける子どもはそんなふうに学ぶからです。

▶ 体罰は、子どもが社会へ適応することを邪魔します。潜在的に危険な子どもとして育ち、大人になると物理的にも感情的にもあるいはそのどちらかで、他の人々から遠ざかることもあります。

▶ **体罰を受けていると、子どもは何を基準にすればいいのかわからなくなります。**愛していると言ってくれる人に暴力を振るわれたら、一体どう考えればいいのでしょう？　子どもの頭の中では、愛情と屈辱が結びつくことになり、これは将来の愛情関係に影響します。

children's voice

痛くないもん！平気だもん！

　ぼくはもう存在しない、怖くて体を丸めて固まってる、気分が悪い。

　助けて！　誰も来てくれないの？　穴に逃げ込みたい。

　どうしてぼくにそんなことをするの？

　どうしてたたくの？ぼくはきっと悪い子なんだね……ぼく、それを隠さなきゃ

隔離する

children's voice

ひどいよ。ぼくはお部屋で何をすればいいの。あのこと（自分の中の怒り）を感じるのはいやだよ。ぼくは苦しい。

Hint 子どもをいったん離すことは、大人が落ち着きと自制心を取り戻すには役に立ちますが、部屋などに閉じ込めたりすることに教育的な意味はありません。

いやな感情にのみ込まれている子どもは、どうして自分がそんなことをしたのかなどと、集中して考えることができません。むしろ大人のほうがそれを必要としているのですから。こんなふうに言うほうが教育上もいいでしょう。

「ママ（パパ）はちょっとお部屋で気持ちを落ち着けてくるから、そのあと話しましょうね」

「反省するための"タイムアウト"」を強制することは、客観的に自分の行動や動機や結果を分析できるようになる、**12歳以上の思春期になってからでないと効果がありません。**

どうしてもそうしたいのでしたら、そのため明確なやり方があります。1歳ごとに1分で、それ以上は×。逆に、子どもの態度が悪かった時など、たとえば一緒に遊ぶのをやめたりするのは適切なやり方です。

「それなら、もう遊ばない」などと言って、適切な限度を尊重させるようにすれば、子どもは徐々に人の気持ちを考えるようになっていきます。

第10章 制限すること

子どもを部屋に閉じ込めることは、さらに物事を悪化させるでしょう。

children's voice

わたしが怒っている時、いやな思いのままわたしを1人ぼっちにしないで。それをお部屋に置いておくと、夜寝ようとする時戻ってくるから……。

助けてほしいの、ママ。わたしの中で何が起こったのかわからせてほしいの。そばに座って、わたしが頭の中にある心配事を話せるように助けて。そしてそれがもうわたしを苦しめないようにしてほしいの。

Hint　脳がするかもしれない連想に注意しましょう。

私たちは、子どもに何かのきっかけでしているかもしれない連想について、必ずしも気がついていません。

たとえば、エレベーターに乗るたびに泣くのはなぜだろうと思っていると、そのエレベーターで、1度怖かったり痛かったりするような目にあっていて、場所と感情を結びつけているからだったりするのです。

ですから、自分の部屋などにネガティブな連想を持たせないよう、注意が必要です。

拒絶

 Hint 拒絶された子どもの脳は、ハザードが灯っているような危険な状態になります。

大脳扁桃核がホルモンをどっと分泌するので、ストレスの中で立ち往生してしまって、学んだり、理解したり、償いをしたりするゆとりがある状態ではなくなります。

children's voice

ぼくは価値がない……。
ぼくは最悪……。
いないほうがいいのかなぁ。

第10章 制限すること

● 恥ずかしいと思わせる

あなたの歳で恥ずかしくないの、お茶碗もちゃんと持てないなんて。こんなにしてあげているのに、まだ足りないの！

Hint 恥という感情は非常に辛いものなので、誰だって、隠したり、ウソをついたり、ほかの人を責めたりして、できるだけそこから逃げようとします。

ですから、恥ずかしいと感じさせることは、自分のしたことを認識し、償いたいと思う罪悪感が育まれることを妨げてしまいます。

children's voice

恥ずかしいし、怖い。ママがまた、わたしを好きになってくれるには、どうすればいいんだろう。わからない。わたしはすごく悪い子なんだ。

許して、代わりに後始末をする

反対に、なんでも許すのは、しつけになりません。なかったことにしてしまうのでは、子どもは何も学ぶことができないからです。赤ちゃんの時なら、なんでもしてあげるのが自然ですが、1人でできる年齢になったら、自分でやらせることが大事です。そうでないと、子どもは次のようなメッセージを受け取ってしまいます。

- ▶自分にはできない
- ▶何をしても、結果がどうなろうと気にしなくていい
- ▶ほかの人がやってくれる

これらが子どもの将来を幸せにすることだとは思えませんよね。また、このような状況では、子どもは戸惑いと無力感を味わっていますが、その気持ちを隠そうとします。それはあなたが微笑んでいるからですが、それだけでなく、自分で状況を修復したという誇りを味わっていないからです。その辛い気持ちは、心の奥にしまわれることになるでしょう。

Column

では、いたずらや失敗をしてしまった時は

同じことがまた起こったら、子どもにどうしてほしいでしょうか？　自分のしてしまったことに気づいて、それを元に戻そうとすること。立ち上がって、自分で片づけようとしてほしいですよね。でも、1人ではどうすればいいのかわからないので、やり方を教えてあげて、あとは子ども自身に任せましょう。

起きてしまったこととあと片づけのペナルティ

Hint 自分のしてしまったことがどんな結果になったかがわかる年齢なら、わざわざ叱ったり罰したりしなくても、ある意味感じとれます。

自分のせいでどんなことが起こったかを意識して責任を感じさせるほうが、叱るより建設的です。

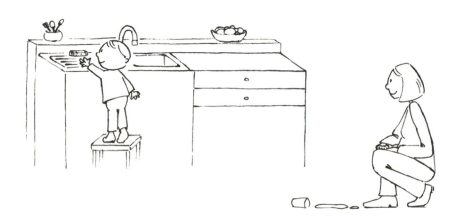

どんな態度をとるかを決めるには、子どもが何を感じているかに気を配ってあげましょう。もし、あなたが友人宅でティーカップやワイングラスを落としてしまったら？　戸惑って、自分をダメな奴と感じ、何か役に立つことをして、起こってしまった事態を修復し、自分のイメージも回復したいと思うのではありませんか？　子どもだって同じなのです。

このあと片づけもしつけのチャンスです。

せっかくのチャンスを生かすために、命令するのではなく、どうすればいいのかを教えてあげるようにしましょう。

３歳くらいになると、子どもは自分が起こした問題を解決することを進んでするようになりますから。

もちろんガラスの破片が床に散らばった時などは、危険ですから大人が片づけますが、子どもはたとえば、ホウキやチリ取りを持って来ることができるのではないでしょうか？　乱暴なことをしても、何事も起こっていない時ならば、「放り投げるのなら、トラックはママが預かっておくネ」などと伝えましょう。

おもちゃを取り上げる時間は、年齢に合わせて加減することが大事です。そうでないと効果がありません。２歳では５分まで、４歳なら１時間まで。

子どもが成長するのを助けるためには、問題そのものよりも解決の仕方のほうに重点を置きましょう。

第10章 制限すること

第 **11** 章

子ども同士のケンカ

子ども同士の争いのきっかけは、いろいろあって複雑です。
嫉妬が争いの主な原因になっている、とよく言われますが、実際にはまずありません。

What is going on inside the child's head ?

ケンカでは

「何があったの？」と聞いても無駄です。聞かれれば、子どもたちは自分にとっての真実を話すのですが、4歳あるいはそれ以下の年齢では、考えが変化しやすくあてにはなりません。

「どちらが始めたの？」と聞いても、それぞれが主張するだけ。本当の理由は、たいてい、子どもたちの理解の能力を超えたところにあるからです。それぞれの欲求を満足させようとしていることは、かなり容易に見て取れますが、それと同時に、単に相手に反応しているだけ、兄弟ケンカのいつものやり取りでしかないことも、やはり見て取れます。

争いは、一方がしようとしていることを他方が邪魔した形になった時や、相手のテリトリーを侵害した時に起こることが多いのですが、何か不安を感じる時、居場所が狭すぎる時、あるいは広すぎる時、退屈な時、過剰な刺激を受けた時。単にエネルギーを発散しているだけということだってあります。

1歳半の子どもには、人をやっつけようなどという気はまったくありません。単に体の力を使ってみているだけなのです。2歳でも、傷つける意図を持つことまではできませんが、力を競うことはするようになります。2歳から3歳の間になると、噛みつく子もいます。けれど、ケンカの場面だからといっても、相手を痛い目に合わせようと意識しているわけではありません。

3歳では、毎回のケンカが、相手の言い分を聞いたり、共感を示したり、謝ったり、信頼を回復するといった、人間関係における幾つかの能力を教えるよいチャンスとなります。ちぎってしまった髪の毛を元に戻すことはもちろんできませんが、よい関係を取り戻すためには、どうすればいいかを学ぶことができるでしょう。

What is going on inside the child's head ?

子どもたちがケンカを
している時はこうしよう

1. シンプルに「ストップ」と言って介入して、状況を描写する

　時には、ケンカの様子を大人が声に出して言うだけでもいいでしょう。子どもたちは、お互いに見つめ合ったかと思うと、急にそれぞれ別の行動を始めたりしますよ。

> ストップ！ 男の子が2人でトラックの取り合いをしているな

口に出して言ってあげれば、君たちはこんなことをしているんだよ、と自分たちを外から見ることになり、お互いを引き離すことができます。

　子どもたちはこちらに興味を引かれて、考えながら叩くということが同時にできなくなります。夢中になりすぎていない限り、そこで手を止めてケンカをやめるでしょう。

2. 自分たちで考えさせる

　解決法を見つけることを任せると、喜んで、とっても創造力豊かであるところを一生懸命に見せてくれるでしょう。

> 2人とも満足するには、どうすればいいと思う？

第11章　子ども同士のケンカ

3. 選択肢を与える

オプション1と2は同じ状況で使えますが、オプション3はそれとは異なるアプローチで、もっと低年齢で、解決法を考えたり、問題を解消したりできない子どもたち向けです。

2人とも黄色のトラックが好きなんだな。パパがトラックを預かって2人は別のことをするのと、代わり番こに遊ぶのと、どっちがいい？交代の時間がわかるようにタイマーをかけてあげるよ。1人がトラックで遊んでいる間、もう1人は絵を描いたらどう？

4. 仲裁をする

大人はどちらの側にも立たないで、それぞれに話をさせ（お互いの非難はしないようにして）、次は相手の話を聞かせるようにします。しっかり聞いたかどうかを確かめるために、復唱させてみましょう。そしてちゃんと言えたか確認しましょう。

いぶきくん、つばさくんにどうしてほしいか言葉でいってごらん。つばさくんはまず聞くんだよ。それから今度は君が話して、いぶきくんが聞くんだ

子どもたちはほかの子どもが感じていることを認識していないので、相手の気持ちを聞けば、ほとんどの場合協力的になります。もちろん非難や評価は抜きで、どんな気持ちでどうしたいのかだけを言わせます。

仲裁では、1人が自分の気持ちとしたいことを言う→相手がそれを自分の言葉で言ってみる→ちゃんと言えていたら、もう1人が自分の気持ちとしたいことを言う→相手が自分の言葉で言ってみる→言えているかを確認。

What is going on inside the child's head ?

対抗意識

　それぞれの子どもたちへの愛情は十分かを常に確かめましょう（注1）。愛されていないと感じている、あるいは兄弟より愛されていないと感じている子どもは、お気に入りの子どもに対する恨みを溜め込んでいって、ついにはその子どもと衝突することがあります。でも、大人のように嫉妬心を募らせている、ということではまったくありません。幼い子どもにとっては、ただ単に邪魔だというだけのことで、敵意を向けることはありません。彼の脳には、まだそんなことはできないのです。

注1　罪悪感のせいで、時として親は子どものうちの1人をひいきしていることを意識しないことがあります。そして残念なことに、子どものうちの1人を愛せないことも。これについては別の本でお話ししています。

What is going on inside the child's head?

ストレスを発散する

Hint これは哺乳類として正しい反応です。ママに権威がないとか、子どもたちに悪意があるなどということはまったくありません。**ママがいない間にストレスを溜めていた子どもたちが、安心感の源である人が帰ってきたことで、発散させているだけです。**

　子どもがすさまじい暴れ方をすると、大人の解釈として「私がいなかったのを恨んでいる」と思うかもしれませんが、そんなことは、まだ自分中心にしか考えられない4歳以下の子どもには、無理なのです。それに、あなたが帰宅するやいなや、ケンカをすることでストレスから解放されるのは、むしろよいことです。

　物理的にも感情的にもあまりに長くそばにいないと、ストレスが高まりすぎて、あなたを安心の源だと認識できなくなってしまいます。

　そうなるとあなたが帰って来ても、むしろ安心を与えてくれる人と感じなくなって、ストレスのホルモンをどっと分泌させる可能性があるので、子どもは距離をおくようになります。

What is going on inside the child's head ?

貸したくない

Hint 利己主義などでなく子どもは少しずつ自分と他者との境界を探り始めますが、自分と人との違いがまだよくわかっていません。自分の領域を守り、自分のおもちゃを自分と同一視し、ほかの子に使わせようとしませんが、**子どもが「私のもの」と言っても、大人が考える意味での所有を意味しているわけではありません。**

1歳半ごろになると、ママとハンドバッグ、パパとパソコンのように、子どもはものとそれとよく一緒にいる人とを関係づけ始めます。けれど、それは子どもが、誰かのものという所有の概念を理解しているということではありません。

2歳では、触れることができるものとそうでないものの違いを、非常に気にかけます。友だちのおもちゃに触って、「ぼくの」と言う時、それは「ぼくはこれを手に持っている。このおもちゃは今ここでぼくの支配下にある」という意味です。

「それはあなたのものじゃないのよ、みずきくんのおもちゃよ」と言うと、混乱してしまいます。なぜならみずきくんは今そのおもちゃを手に持ってい

第11章 子ども同士のケンカ

ないから。「そうね、今はあなたがそのトラックを持ってるわね」と言って
あげてください。それから日を追って、子どもが学ぶ必要がある2つの意味、
所有と権利の意味を上手に話します。「それを持っていていいのよ。あなた
のものだから」。そして、ほかの子も貸してもらいたがっていることも。

代わり番こ

Hint 3歳以下の子どもにとって、自分の番を待つことは大変な忍耐が
必要です。すぐ先のことであっても、予想し、未来を思い描けるほどに
は、前頭葉がまだ十分発達していません。未来が思い描けない場合、自分の番を
待つなんて意味がないからです。

　たとえば、1人がおもちゃの自動車を手放す頃には、もう1人は興味を失
っていて、今度は、今相手が持っているバケツがほしくなったりします。同
じようなほかの自動車や代わりのバケツが、たとえあっても、問題解決には
なりません。興味があるのは、ものそのものより行為だからです。実際、脳
の模倣システムは、幼児期に特に活発です。そのおかげで、子どもはものを
学ぶのですが、このミラーニューロンと呼ばれる太い神経は、自分がある動
作をする時と、ほかの人がこの動作をするのを見る時とで同じ働きをします。
お兄ちゃんが何かするのを見て、ミラーニューロンが強く刺激され、全身が
真似をしようと夢中になります。「お兄ちゃんに取って代わりたい」とは思
っていませんが、体がどんどん、お兄ちゃんが使っているもののほうへ動い
ていきます。その時の衝動の強さを考えてみてください。しかも行動を制御
する脳の分野は、まだ十分には機能していないのです。

　ですから、代わり番こは3歳近くになるまでは意味を持ちません。けれど、
みんなに代わり番この権利があることを理解できないわけではありません。
やきもちをやいているとか、自己中心的だとかいうわけでもありません。本
人を責めないで、脳の回路を上手に使えるようになるように手助けしてあげ
てください。**「お兄ちゃんと同じように遊びたかったのね」などと、心を寄
り添わせるようなコメントを言ってから、待っていれば自分の番になること**

をわからせてあげましょう。

「タイマーが鳴ったらあなたの番よ」（この方法の利点は、子どもたちで操作できることです）。あるいは歌もいいでしょう！　1曲歌う間、1人が遊ぶようにするのです。

「待っている間、何をする？　いろいろできるね……。ふくれて待つ、ポケットに何かおもちゃが入っていないか見てみようか、周りで跳ねたり、走ったりする、歌を歌う、ボールで遊ぶ、ほかの遊びをする、ママに手伝ってもらう……。どうしたい？　やったら、どんな感じがするかな？」

シチュエーションを利用して、子どもたちに感情的・社会的能力を教えることもできます。

縄張り争い

小さい子は何にでも触るし、大きい子の領域に侵入します。

それは自然なこと。けれどお兄ちゃんは弟が自分のものに触るのを我慢できません。1つの理由は弟の触り方がお兄ちゃんから見てちゃんとしていないからですが、もう1つには、自分を弟と区別したいと思っているからです。

2人は同じ部屋で暮らしていませんか？　遊ぶ部屋も一緒ですか？　ちょっとした家具で区切ったり、床に線を引いたり、カーペットで区別したりして、1人ずつの領分を分けてあげてください。

それぞれが自分のカーペットを占領して、自分のおもちゃを広げることができるようになると、争いは減ります。少なくとも縄張りを気にして揉めることは少なくなるはずです。

What is going on inside the child's head?

赤ちゃん返りとの闘い

💡 **Hint** 自分の妹や弟を見ることで、お兄ちゃんやお姉ちゃんの脳内でミラーニューロンが活性化し、同調するよう指令を出します。そのため年上の子どもは、下の子の動作やリズムの真似へと駆り立てられます。でも、それはあと戻りすること！ 上の子どもはこの退行の誘惑に負けないようにと頑張るのですが、自分をそんな気持ちにさせた赤ちゃんに対しても攻撃的になります。お兄ちゃんやお姉ちゃんは、妹や弟と距離をとる必要があります。だから違いをはっきりさせるため、上の子は下の子に自分のものを貸そうとしないのです。

What is going on inside the child's head?

弟が真似をする！

弟のほうは、お兄ちゃんに対して、限りない憧れの気持ちを持ちます。
　これは避けられません！　お兄ちゃんはいつも大きくて、強くて、なんでもできる……。でも、なんでも真似するので、お兄ちゃんのほうはイライラしてしまいます。

What is going on inside the child's head ?

家に呼んだ自分の友だちと遊びたがらない

1. 描写する

2. 情報を与える

大人にとって明らかなことも、子どもにとってはそうではありません。また大人は、子どもにはまだ時間の概念がないことを忘れがちです。「お友だちをおうちに呼びたい？」と聞かれた時、そうすれば友だちが自分の部屋に来て、自分のおもちゃで一緒に遊ぶことになるのだ、ということが子どもは必ずしもわかっていません。

ですから「うん」と答えたとして、友だちを招待することには同意していても、自分の部屋で、自分のおもちゃで一緒に遊ぶことには必ずしもよしとはしていないのです。

お部屋で遊んでいる女の子が1人、ママには見えるわ。そして遊びに来てくれた女の子がいる……

せっかく遊びに来てもらったんでしょう。一緒に遊んだほうがいいんじゃない。どう思う？

3. よく考えさせ、共感を促す

「あなたがお友だちのおうちへ行ったのに、その子が一緒に遊びたがらなかったら、どう感じるかな？ さきちゃんは今どう感じているかしら。どう思う？」。このアプローチは3歳から試せますが、4歳以上にならないと、本格的に取り入れることはできません。

第 **12** 章

その子の年齢に
応じて

れんはウソをついたのでしょうか？

What is going on inside the child's head ?

ウソをつく

Hint **3歳前**

　　　　3歳を過ぎる頃までは、子どもにはウソという概念がありません。ママに「ううん」と答えた時、れんはウソをついたのではありません。頭の中にはブレスレットのことはないし、自分のしたことも思い出せない、「私のブレスレット知らない？」という質問は、れんの耳には、あなたの心の状態についてのなぞなぞのように聞こえています。ママの声の調子や緊張感からすると「ノー」だ。ですから「ううん」と答えたことで、正解したと思ったのです。その上、子どもは「ううん」という言葉を覚えて、それが単に拒否を示すだけではなく、いろいろに使えることに気づいています。

3歳になると

　頭の中でイメージを持ち始めますが、子どもの目には、頭の中にあるものも本当のことに思えています。ウソをついているのではなく、想像の中で見えていることを言っているだけ。外界の現実と自分の内面の現実の区別がついていないので、自分が言っていることが、自分の頭の中だけにあって、ママにはわからないのだ、ということに気づいていません。

3歳半から

　3歳半から4歳ぐらいの子どもの大半はウソをつきます。でもそれはウソ、 少なくともまだ、大人が思っている意味のウソではありません。言葉を使って、何か本当でないことを言えるのが面白くてたまらないのです。これは脳の発達にとって必要な通り道で、子どもは頭の中のイメージを操ることができる新しい力を使ってみています。確かに試しているのですが、あなたをではなく、言葉の力、

現実を言葉で構築することができる素晴らしい力を試しているのです。思いのままに世界を作って、それを信じているのです。

また、この年齢では不安から、ママやパパから何か言われるのを恐れて、ウソをつくことができるようになります。

4歳からは

いったらどうなるかがわかって、したくないことをしなくていいように、あるいは罰をのがれるためにウソをつくことがあります。

どのケースでも、子どもの脳にウソという概念を持たせることは、必ずしも適切とは言えません。

あ、見つけた！ れんのポケットの中だ！ でもどうしてここにあるんだろう？ 不思議ね。一緒に考えてみようか。この目が、これが机の上にあるのを見つけて、この手がこれを持ってポケットに入れたんだな、きっと。手をよーく見張ってあげないとね

What is going on inside the child's head?

部屋の片づけは だんだんと

children's voice

ママ、怖いから怒鳴らないで。わたしはお部屋をどうすればいいかわからないの。ママがわたしにどうしてほしいのかわからない。片づけるって何？怖くしないで、どうすればいいか教えて

Hint 部屋の片づけは、よく悶着のタネになります。親にしてみれば、ものは戸棚の中のあるべき場所におさまるべきですが、子どもにはものの場所は、自分が置いたその場所、自分から見える場所のことなのです。

ごく幼い子どもは、引き出しや戸棚に何が入っているか、まだ考えることができないので、**あまりに片づいた部屋では、何をして遊ぶか自分で決めることができません。**おもちゃが見えるところにあれば、自分からあれやこれに興味を向けることができるので、おもちゃが見えているのを好みます。

研究によると、散らかしている人のほうがIQの値が少し高いのだそうです！片づけないから頭がよくなるのでしょうか、それとも頭がいいから片づけない？どちらにせよ、相関関係があるので、これを聞けば、ママやパパは気が楽になるでしょう。実際、散らかったものがあれば、目の刺激となって、目があれこれ動いて、それらを上や下や前や後ろから見ている間、脳は関係づけをします。

学ぶべきなのは、無秩序の中で秩序立てることですが、秩序立てるには最初は無秩序であることが必要です。だから無理に片づけさせないこと、けれどしたい放題にもさせないこと。**年齢に従ってだんだん学ばせるようにしましょう。**

　4歳では、1人で片づけることができるようになります。けれど、この年齢は溢れんばかりの創造力があります。もう大きくなったように見えるので、ママやパパはしばらく子どもを放っておきがちですが、彼らは自分がやるべきことを長い間は頭に入れておけないことも念頭に置いて。

　子どもの関心をはっきりと方向づけるように、1度に1つずつ具体的な指示をするのがいいでしょう。**たとえば、「部屋を片づけなさい」ではなくて、「本は全部本棚に戻してあげよう」**。そして少したったら、「よーし、本が全部片づいた。それじゃあ今度は車を戻そうか！」という具合です。

What is going on inside the child's head ?

どうすれば？

● 8つのステップで問題解決しよう！

子どもに服従型

1. 常に関係性を第一に考えましょう

　問題が面倒であればあるほど、そして子どもがママやパパをイライラさせればさせるほど、「愛情のタンク」を満タンにすることが大切です。

2. それぞれの年齢に何が必要か、何ができるのかを考えましょう

　子どもは思っているよりずっと早く成長しますが、その一方で思っているより幼いものです。

　ですから、ママやパパがこうかなと予想するのは至難の業ですが、できないとか、こうしてほしい、ということを常に正確に子どもは抵抗という形でママやパパに知らせます。

3. 誰に問題があるのかをよく考えてみましょう

　私の側の問題？　それなら、ママが困っていることを言い表してみましょう。子ども側の問題なら、子どもの話を聞きましょう。自分の子と欲求を争っても意味がありません。

　子ども側の問題というのは、たとえば、泣き叫ぶ、ののしる、泣く、じだんだを踏む、体を揺らすなど、激しい動きをするのは、抱えている問題のせいです。

　こんな状況の時、問題はだいたい子どもの側にあります。

　親が原因となっている例は、ママが子どもを保育園に残して仕事に行きたくない時、それが子どもの情感に影響します。だから、子どもはママの問題に対する反応として泣いてしまうのです。

第12章　その子の年齢に応じて

4. この症状はどんな原因によるものなのでしょう？

　何かを必要としている、何かが足りない、それとも多すぎる（生理学的、生物学的、感情的、心理的……）？　子どもの中にどんなわだかまりがあるのでしょう？

　私たちは熱があれば、熱を下げようとしますが、それは1つの症状であって、その原因を特定することが大事ですよね。伝染病なのか、ウィルスによるものなのか……。

　適切な薬を探すのは、原因がわかってから。

5. 私の目的は何？

　子どもの問題行動を前にして、あなたは親として何をしようとしているのでしょう？　子どもを叱って自分の緊張感や怒りを解放し、自分の無力感を相殺すること？　お兄ちゃんから小さな弟を守ること？　物理的な安全を確保すること？　それともこの子を安心させ、何か教えてあげようと未熟な脳を補って前頭葉が発達するのを手助けし、愛情の絆を回復すること？

6. 別の方法が取れないか考えてみる

　取るべき対応がたった1つしかない、つまり可能な解決法は1つしかないという罠に陥らないことが大切です。

　私たちは「正しい」解決法があるのではと考えますが、どんな解決法も完璧ではありません。だから、目的をはっきりさせることが大事なのです。

　また、同じ1つの目的に対しても、いくつかのルートがあります。どんな場合にも「正しい」ことがあると考えることは、親に罪悪感を感じさせる元凶であり、無益で有害です。

7. 選んだ態度を実行すること

1度選んだなら、つらぬきましょう。

特にしつけのスタイルを大きく変える場合はそうです。結果はいつも直ちに出るとは限りません。

すぐに結果が出るような新しい子育て法がたくさんあるかもしれませんが、慣れるまで時間が必要な場合もあって、その間子どもは警戒しています。

8．どうなったのかの結果を見る

もちろん子どもの年齢と結びついた自然な態度でない場合の話ですが、問題の態度や行動はなくなりましたか？　別の問題、別の兆候が現れていませんか？

たとえば、私に「イジワル！」なんて言ったのは、誰に問題があるのかしら？　あんなことを言うのは、何かに傷ついているか、何か感じていることがある時だわ。だから問題はあの子のほうにある。じゃあ、問題は何かしら？　というふうに、考えてみましょう。

1 ▶ 私が失望させ、欲求不満にさせた。

2 ▶ 欲求不満にさせるようなことはなかったから、直前には原因がないのだけれど……。今日1日のことを朝から思い出してみよう。

3 ▶ 私には何が問題かわからなくても、子どもは必ずしもはっきり意識しないまでも、わかっている。そこで耳を傾けて、子どもに話をさせるようにする。

What is going on inside the child's head ?

今の子どもは 昔の子どもより悪い！？

　今の子どもが昔の子どもに比べて怒りをあらわにすることが多くなったのは、おそらくより多くの刺激、選択の機会、失望に直面しているからではないでしょうか。

　昔の子はスーパーでダダをこねませんでした……。それは、スーパーがありませんでしたから。テレビを消しても怒って叫びませんでした……。まだ、テレビがありませんでしたから。好きなシリアルを買うのを母親が忘れても、大騒ぎしませんでした……。その時は、お気に入りのシリアルなんてなかったから。お母さんは買うべき箱を間違えませんでした……。特別ステキな箱なんてなかったから。選択肢がそんなにないので、お気に入りもできなかったのです。

　バングラデシュやスーダンの子どもたちがダダをこねることはきっとありませんが、それは聞き分けがいいとか賢いからではありません。ただ単にシリアルの箱を知らないし、大量消費社会に直面していないからです。

　変わったのは子どもたちではなく、環境のほうです。私たちは、私たちの子どもたちがこんな超刺激的な社会に対して、十分に準備ができていないことを忘れています。

　大人がすべきことは、こうした環境に対する子どもの反応を罰する代わりに、大量の情報を選別できるよう脳を鍛え、ストレスにうまく対処するのを助けてあげることでしょう。そんな環境に子どもたちを置いたのは、私たち自身なのですから。

まとめ

よりよく子どもの面倒をみるためには、自分の面倒をみること

　私たちはついつい、我が子の行動や考えや感情をコントロールしようとしがちです。

　イライラが高まったら、大急ぎで洗面所に行きましょう！

　そこで深呼吸して、胸の中に子どもへの愛情が戻ってくるのを感じましょう。

　そのあとで子どもに話しかけるのです。

　自分をコントロールできていない、と言って子どもを叱りますか？

　ママがお手本を見せてあげてください。

　ママ自身が、自分をコントロールできることが重要なのです。

最後に

最後に

　子どもの人生の瞬間瞬間、段階段階をじっくりと一緒に楽しみましょう。その時期は、あっという間に過ぎてしまいますから。
　大事なことはたった1つ、**愛すること！**

　それ以上に、重要なことが本当にあるのでしょうか？

おわりに

　私が生まれたのは1970年。鉛筆が持てるようになってからは、1日の大部分を絵を描いて過ごしていました。だから、大学も当然のように美術に進みました。そしてある日、そんな私に赤ちゃんが産まれてくることになったのです。

　知りたいことが次々に、ポンポンと浮かびます。何しろ紙でできているものが大好きな私は、その答えを見つけようと、本を読みあさりました。

　赤ちゃんってどんなもの？　どんな言葉を話すの？　どんなふうに抱っこすればいいんだろう？　なぜ泣くの？　要するに、親になる人が、赤ちゃんとの出会いとそれからを最高に楽しんで過ごすために、知っておきたいことです。

　それでも全部はわからなかったので、もう一度勉強を始めることにして、トーマス・ゴードン博士のメソッドによるコミュニケーション訓練士とAware Parenting instituteの認定インストラクターの資格を取りました。このおかげで、本当に多くのことを知りました。そうこうしているうちに、パートナーのエリックとの間に赤ちゃんが、みんなが大喜びする中で産まれてきました。私はついに親になったのです。

　その後も私は勉強を続け、精神運動訓練士の資格も取得しました。勉強をしている時、心理学や精神医学の本にも挿絵がついていればもっといいのに、もっと説明がわかりやすくなるのに、と常々思っていました。

　そんな願いがここに実現しました！

　本書にイラストを描くことができたのは、イザベルとの幸運な出会いのおかげ。

　メッセージをイラストという言葉を

添えてお届けすることで、よりよく理解していただけるのではないでしょうか。私たち2人に共通するのは、幼児期に対する強い関心と、みなさんのそれぞれのご家族の中で、親子の調和の取れた関係が花開くのを見たいという願いです。

——アヌーク・デュボワ

謝 辞

　最初に、私の両親、アンヌ＝マリーとレミに感謝します。今、私たちが知っているような脳についての知識がなかったにもかかわらず、あなたたちの時代には多かった罰せられたり、侮辱されたり、たたかれたりした子どもの辛さを知っていて、私が傷を負うことがないように気遣ってくれました。

　自由な教育のおかげで、私は自分で考え、先入観や偏見のフィルターを排除して世界を見るようになれました。私に恥をかかせたり怖がらせたりすることなく、子どもは罰したたいたりしなくても、愛情深く、自律的な、責任感のある、社会の一員になれるのだ、と教えてくれました。自分の感覚や感情を大切にして、他人の悲しみを感じることができるようにしてくれました。また、アヌークに感謝します。内容をよく理解した、愛情に満ち溢れた絵をありがとう。丁寧な打ち合わせをした上に、粘り強くなんどもなんども描き直してくださって、おかげで私の頭の中のイメージにぴったりの絵になりました。また、カトリーヌ・グガン博士に。刺激的なお話、そして新しい科学的発見を取り入れるよう励ましてくださったことを感謝します。ミッシェル・ファーヴル氏に、本書の注意深い読み直しと、子どもの体験についての正確で鋭敏なご助言に感謝いたします。

　　　　　　　　　　　　　　　　　　　　　　　　　　　　—イザベル・フィリオザ

　すべての子どもたちに感謝します。おかげであなたたちについて学ぶ機会を得ました。みんなの笑顔はいつまでも私の心に刻まれています。幼年期について学ぶのを助けてくれた、すべての著者に感謝します。とくにアリス・ミラー、アレサ・ソルター、オリヴィエ・モレル、モーリス・ベルジェ、ジャン＝ピエール・ルリエ、シュザンヌ・B、ロベール＝ウヴレ、ボリス・シュルニクの各氏に。そして、イザベル。この素敵な冒険の機会を与えてくださって、ありがとう。皆さんから本当に多くのことを教えていただきました。

　　　　　　　　　　　　　　　　　　　　　　　　　　　　—アヌーク・デュボワ

　アンヌ・ピドゥー氏に、テキストとイラストについての正確な再読と、今皆さんが手にしているこの面倒な本の実現のために費やしてくださった時間に感謝します。そしてもちろん、私たちを支え、信頼してくださったイザベル・ラフォン氏に心からお礼申し上げます。

　　　　　　　　　　　　　　　　　　　　　　　　　　　　—イザベル、アヌーク

【著者紹介】

イザベル・フィリオザ（Isabelle Filliozat）

◉──1957年パリ生まれ、心理療法士。父は心理学者、母は心理療法士で病気を体・心・感情を含めて全体的に見るというホリスティック医療の先駆者。16歳の時、インドに滞在したことがあり、インド学者の叔父の影響で仏教にふれる。

◉──パリ第5大学で、臨床心理学の修士号を取得したあと、フランス、アメリカ、ベルギー、イギリスなどで、交流分析、新ライヒ派のセラピー、神経言語プログラミングなどを学ぶ。それ以後、独自のセラピーを開発し、感情を専門とするセラピストとして、多くの大人や子どもの治療に当たる。

◉──現在は、個人や団体向けの指導は行わず、著書の執筆はじめ、雑誌・新聞への寄稿、ラジオ・テレビ、講演会などを通し、今まで培った知識やアプローチの方法を広く伝えることに力を入れていて、特に子育て世代から絶大な人気と信頼を得ている。

◉──『心のインテリジェンス』『未来をひらく愛の子育て』（いずれもPHP研究所）はじめ、20冊を超える著書があるが、中でも本書は、世界的な大ベストセラーとなり、16カ国で翻訳されている。

【イラスト】

アヌーク・デュボワ（Anouk Dubois）

◉──教育者としての資格を持ち、子どもの行動心理の研究者でもある。イラストレーターとしても、知育絵本を多数執筆。

【訳者】

土居　佳代子（どい・かよこ）

◉──翻訳家。青山学院大学文学部卒業。訳書に『ぼくは君たちを憎まないことにした』（ポプラ社）、『マリー・アントワネットの最期の日々上・下』（原書房）、『氷結上・下』（ハーパーコリンズ・ジャパン）などがある。

子どもの気持ちがわかる本　　　　　　　　　　　　〈検印廃止〉

2019年 3 月11日　　　第 1 刷発行
2020年 1 月15日　　　第 4 刷発行

著　者──イザベル・フィリオザ
訳　者──土居佳代子
発行者──齊藤　龍男
発行所──株式会社かんき出版
　　　　　東京都千代田区麹町4-1-4 西脇ビル　〒102-0083
　　　　　電話　営業部：03（3262）8011㈹　編集部：03（3262）8012㈹
　　　　　FAX　03（3234）4421　　　　振替　00100-2-62304
　　　　　http://www.kanki-pub.co.jp
印刷所──大日本印刷株式会社

乱丁・落丁本はお取り替えいたします。購入した書店名を明記して、小社へお送りください。ただし、古書店で購入された場合は、お取り替えできません。
本書の一部・もしくは全部の無断転載・複製複写、デジタルデータ化、放送、データ配信などをすることは、法律で認められた場合を除いて、著作権の侵害となります。
©Kayoko Doi 2019 Printed in JAPAN　ISBN978-4-7612-7402-3 C0037

ママの困ったを解決！
かんき出版の好評！育児書

赤ちゃんにも
ママにも優しい
安眠ガイド
1300円＋税

イラストでわかる
赤ちゃんにも
ママにも優しい
安眠ガイド〈大判サイズ〉
1000円＋税

マンガでよくわかる
赤ちゃんにも
ママにも優しい
安眠ガイド
0歳からのネンネトレーニング
1100円＋税

子どもにもママにも
優しいふれあい体操
1300円＋税

マンガでよくわかる
アドラー流子育て
1300円＋税

イラストでよくわかる
感情的にならない子育て
1300円＋税

まめ日記
1000円＋税

モンテッソーリ教育
×ハーバード式
子どもの才能の伸ばし方
1400円＋税

パパ１年生
1200円＋税